カンカラ鳴らして、政治を「演歌」する

岡 大介
OKA TAISUKE

dZERO

まえがき

オッペケペッポーペッポッポー
ラメチャンタラギッチョンチョンデパイノパイノパイ

子どものおまじない言葉みたいですが、れっきとした大人が書いた、立派な（？）日本語です。それも、世相風刺、政治批判と一緒に歌われるのですから、痛快です。これを「演説歌」、つづめて演歌といいます。

ぼくは二十代前半で、このユーモアと過激さにやられました。演歌は、人に優しくて、活きがよくて、そしてとっても自由なんです。ぼくの尊敬する俳優小沢昭一さんもまたその魅力に取りつかれたお一人でした。ラジオでの飄々とした語り口を覚えている方も多いのではないでしょうか。

永六輔さんからラジオ番組の生放送で突然言われた言葉があります。永さんは大衆芸能をこよなく愛した方でした。

「小沢昭一の弟子って言っちゃえ！」

若造がいくら「本来の演歌って、明治の政治風刺の演説歌なんです」と言っても、だれも相手にしてくれない。「でも、小沢昭一の弟子が継承していると言えば、みんな興味をもってくれる」と、永さんは言ってくれました。

ぼくは当時、三十代前半。そんな駆け出しから、演歌師の先達である添田唖蟬坊や小沢さんの名前が出たことに永さんは驚き、喜ばれたようです。ぼくは日本のフォークソングで歌に目覚めたのですが、そのままそこに留まっていたら、永さんや小沢さんのような大先輩にお会いすることはなかったはずです。

庶民の生活の苦しさ、うわっついた世相への反発、勝手をする政治への怒り――演歌にはさまざまな人間模様を織り込むことができます。

明治も中期のころ、演歌はアカペラ（楽器を使わずに声だけ）で、しかも街頭で歌ったそうです。ぼくは空き缶で作った三線（沖縄の三弦楽器）を抱え、ビールケースをひっくり返して上に立ち、酒場で歌っています。なるべく元に近いかたちで歌いたいと思っているうちに、このスタイルにたどり着き、早二十年。気づけば、日本でただ一人の演歌師。

昭和からこれまで正調演歌を継ぐ者がいなかったのが不思議です。こんなに豊かな世界なのに、とぼくは残念でなりません。

フォークシンガーの高田渡さんは唖蟬坊の歌を外国の曲に乗せてギターで歌っていました。東京・吉祥寺「いせや」で飲んだときに、高田さんは「演歌は難しいよ」とボソッと洩らしました。いまでも、その言葉が心に刺さったトゲのように残っています。立川談志師匠も、「カンカラのやつ（岡）は、落ちたり落ちたり落ちたりするだろうけど、頑張ってほしいな」とおっしゃった。

メッセージをもつことと稼ぐことは、元来、結びつきにくい。諸先輩はそのことをおっしゃっているようです。しかし演歌師に贅沢は要らない。家族がつましく暮らしていけて、たまに仲間とうまい酒を飲めれば、それで十分。

ぼくの尊敬する唖蟬坊、知道親子は市井に住んで、ユーモアに包んで風刺を作り続けました。風刺ネタは使い捨てといいながら、明治大正演歌のそれらは、いまでも肺腑をえぐってきます。

読者にも、この肥沃な世界にぜひ浸ってほしいと思います。

どこを向いても忖度だらけの世相に一石を投じる。いつかぼくのような〝演歌バカ〟が出てくることに期待して、今日もカンカラ鳴らして政治を演歌する！

目次◉カンカラ鳴らして、政治を「演歌」する

第二章　「無翼」の歌、「庶民翼」の歌

カンカラ三線を持ってどこへでも

第三章　同世代の流行り歌にこころ動かず
ぼくが「演歌」にたどりつくまで

第五章　政治の過ちを風刺に変えてまっすぐに

松元ヒロさんに学んだ芸の姿勢

カンカラ鳴らして、政治を「演歌」する

［本文中の引用文ならびに付録について］

*旧漢字・旧かなは、新漢字・新かなに改め、必要に応じて送りがなを入れ、ルビを振りました。

第一章

政治や社会をチクリと刺す「演歌」

尊敬する添田唖蟬坊・知道のこと

1──「演歌」誕生の歴史をたどる

スペイン風邪と啞蟬坊

二〇二〇年四月と五月、新型コロナ感染症で国が緊急事態宣言を出し、ぱったりとぼくの予定されていた仕事が止まってしまった。まちはどこもかしこも急に静かになりました。こんなことは短い人生で初めてのことです。いや年配の方でも未経験、未曽有(みぞう)のことではないでしょうか。よく行く東京・浅草(あさくさ)もちょっと前まで外国人旅行者などで大にぎわいだったのが、うそのように人が消えて、仲見世(なかみせ)がずっと向こうまで見通せました。雷(かみなり)門(もん)の大提灯(おおぢょうちん)が風に揺れていて、所在ない感じでした。

いつもお世話になる飲み屋、演芸場、集会、お祭り、高齢者施設……一年で三百六十五回以上あった仕事が一気になくなりました。芸人殺すに刃物は要(い)らぬ、自粛の三日もあればいい……などと自虐ネタを言いたくなります。

いままでは本来の演歌に見向きもしなかった音楽家たちへの怒りが大きかったのですが、いまはデタラメな政治への怒りのほうが増してきています。

ぼくが使っている「カンカラ三線（さんしん）」は持ち運びが至って簡単で、肩にひょいと引っ掛けて、小さな飲み屋から大きな会場まで、場所を選ばず出かけています。前はフォークシンガー気取りでジーパンにサンダルのままで舞台に上がっていました。声がかかれば基本的にどこへでも行き、調子よく歌っていたのが、コロナ禍でそもそもその〝声〟がかかりません。

ただ、この二か月はチャンスでもありました。いつも生活の資を稼ぐのに忙し過ぎて、新曲を作ったり新しいレパートリーを増やす時間がなかった。ポカッとまとまった時間ができたこともあり、社会風刺の歌詞が次々と生まれてきました。これほど歌ごころが動き、感興が湧（わ）いたのは、慰問で東日本大震災の被災地に行って以来のことです。

二〇二〇年当時の安倍政権は、東京五輪をやりたいあまりに対応が遅れた、とぼくは思っています（みんなもそう思っているはず）。水際で流行を食い止めることができず、新型コロナの感染が拡大してしまった。そんなとき、明治・大正と活躍した演歌師・添田啞蟬坊（そえだあぜんぼう）の歌を思い出しました。約百年前にスペイン風邪（かぜ）が大流行（一九一八～二〇年）して、日本でおよそ二千三百八十万人の感染者が出たときに、彼は『新馬鹿の唄（しんばかのうた）』（「ハテナソング」ともいいます）という歌を作りました。それに倣（なら）って、ぼくにも新しい歌詞ができました。

〈元歌〉
帽子をかむって外套（マント）きて
おまけにマスクで顔かくし
眼ばかりギロギロ光らせる
人間タンクの化物か
ハテナ　ハテナ

〈自作詞〉
東京五輪がやりたくて　緊急事態を遅らせて
選挙になったらヘコヘコと
緊急事態を解除する
ハテナ　ハテナ

スペイン風邪は第一次世界大戦の戦場で広がったとテレビ番組でいっていました。どこの国も情報統制で押さえ込んでいたのに、スペインだけが公表したので、その名が付けられたといいます。スペインにすれば迷惑な話です。

新型コロナでも中国が早めに情報を出していれば、こんな事態にはならなかったはず。それをみても、人間のやることは昔もいまもそう変わらない。わが尊敬する唖蟬坊はスペイン風邪の命名の由来を知っていたでしょうか。

本来の「演歌」とは

ぼくが声を張って歌っているのは、「演歌」です。といっても、唸ったり、こぶしを回したりする、皆さんがよくご存じの現代の「演歌」とは違います。淵源は、明治時代に流行した「演説歌」です。それがどこかで、「唸り」や「こぶし」を効かせたものを「演歌」と呼ぶようになってしまったようですが、ぼくが歌うのは「演説歌」のほうです。

『創られた「日本の心」神話』（輪島裕介、光文社新書）によれば、戦後低俗なものとして批判された戦前からのレコード歌謡が、作家五木寛之、ルポライター竹中労などによって、民衆のこころを歌ったものとして称揚されたとか。ジャズやブルースに匹敵するともいわれたそうです。竹中労が書いた『美空ひばり』（一九六五年）は二十万部を超えてベストセラーとなり、時代の寵児である五木寛之の『艶歌』（一九六九年）も話題になったといいます。

演説歌の歴史は後で詳しくご紹介しますが、記念すべき第一声は、一八八七（明治二十）年に作られた『ダイナマイト節』だといわれています。

民権論者の　涙の雨で　みがき上げたる大和胆
コクリ　ミンプク　ゾウシンシテ　ミンリョク　キュウヨウセ（国利　民福　増進して民力　休養せ）
もしも成らなきゃ　ダイナマイトドン

「民権論者の大和魂は涙で鍛えたもの。国益や民の幸せを増進して、民力を休ませよ。これが容れられないならダイナマイトで吹っ飛ばすぞドン」という意味です。

ぼくは「庶民の怒りの声を代弁する」のが「演歌」だと思っています。そして、主張があるのが「演歌」です。『ダイナマイト節』では、国と民が豊かになるには、ゆっくり育てることが大事だという主張が入っている。それが容れられないなら、ドンと怒ってしまうぞ、と言っています。

北島三郎さんや八代亜紀さんの「演歌」には涙や恋や港や酒はあるかもしれませんが、

いはなさそうです。それに社会的な「主張」はほぼ入ってこない。そこが大きく違います。

ぼく自身、もともと政治に興味のあるタイプではありませんでした。それが、あるきっかけで「演（説）歌」を歌い始めるようになり、酒場やいろいろなところで出会った人々から国や政治に対する怒りの声を聞くうちに、演歌がもつ可能性を教えられました。

安倍晋三さん（元首相）は何かと話題を振りまいた、問題の多い人でした。彼がいるかぎり、ぼくの商売は上がったり、ということにならないように思っていました。批判しながらこういうのも変なのですが、商売柄、相手のキャラクターの悪者度が強いほど、助かるところがあります。

しかし、次の菅政権になっても、やはり同じなのです。彼らはいつも何か不穏なことをしでかすのです。いつの時代にも、政治には腐敗があり、賄賂があり、忖度があるのでしょう。

日本の歌は明治開化以降、ずっと西洋音楽の影響下にありました。第一、学校で習うのが、そればかりです。それが余計に色濃くなるのが戦後で、ぼくにはそれが不満です。どうしてもっと「和」を大事にしないのか。

自分がどうしてそういう嗜好になったのかはおいおい話をするとして、ぼくが歌う「演歌」は三味線が基調になっているものが多く、日本で生まれた独自の「日本の歌」だと思っています。

貴族的な我儘者

ぼくは明治・大正演歌のなかでも添田唖蟬坊（ほかの筆名として不知山人、のむき山人など）とその息子、知道（芸名は「さつき」）の作品を中心に歌ってきました。とくに二〇二二年に生誕百五十年を迎える唖蟬坊の演歌は権力への批判が色濃く出ており、時代を超えて人々が共感する風刺の効いた歌詞が多く見られるように思います。

日本の歌謡史のなかで、ずっと底流として流れ続け、ときに表に噴出する唖蟬坊とは、いったいどんな人物だったのか、強い興味が湧いたぼくは、いろいろな史料を集めて調べました。

唖蟬坊は一八七二（明治五）年、神奈川県大磯の中農（中規模の農家）の家に生まれました。貧しくもなく、富んでもいず、といったところでしょうか。四男一女の三番目の次男で、本名は平吉。自らの著書（『唖蟬坊流生記』）で自分のことについてこう記しています。

　私は百姓の家に生まれながら、幼少の頃から性質がどこか貴族的な我儘者であった。

演歌の創始者、添田啞蟬坊
（写真提供：県立神奈川近代文学館）

それに怠け者であった。食物なども周囲の者より贅沢な方であった。

ここでは「貴族的な我儘者」という言葉に注意がいきます。『添田唖蝉坊・知道―演歌二代風狂伝』（リブロポート）著者の木村聖哉さんによると、父親は慈愛に満ちた人で、母親は気位が高い人だったようです。唖蝉坊はどちらかというと母親の気質を継いだのかもしれません。彼の歌には卑屈さのかけらもありませんから、納得できる言葉です。

幼少期は「村の神童」と呼ばれていたらしく、きっと抜きん出て学校の成績がよかったのでしょう。うらやましいかぎりです。しかし、ヤンチャ坊主で火遊びをして山火事を起こしそうになり、村中で大問題になったという記録が残っています。それはそうでしょう。大事な財産が子どもの遊びで消えてしまっては、泣くに泣けません。

扱いに困った父親により、平吉十三歳の一八八五（明治十八）年、東京・深川の叔父の家に預けられることになります。翌年はコレラが大流行した年に当たります。叔父は汽船の機関士で、叔母は三味線弾き。

叔母と平吉はあまり気が合わなかったようですが、知らないうちにのちの演歌師・添田唖蝉坊の曲作りに大きな影響を与えることになります。

平吉は叔父の希望もあり、海軍の士官を目指すようになります。しかし、好奇心旺盛な少年にとって初めて見る東京は新しいものや面白いものばかり。
ただもう早く東京見物がしたい、遊びたいという心持ちだけが強かった。
（『唖蟬坊流生記』）

隅田川の一銭蒸汽に乗り、向こう岸に渡り、浅草の観音様にお参りし、珍しい鉄道馬車にも乗ってみる。ことに浅草の見世物や芝居に夢中になるまでに、それほど時間はかかりませんでした。浅草寺の横にいまも唖蟬坊・知道の歌碑が残るこの地域との深い縁は、ここから始まります。そして、ぼく自身も浅草へ、浅草へと自然と引かれるようになりました。

平吉は叔父の家に集まる船員に愛され、次第に海への思いが募るようになったようですが、何かの事情で海軍への夢に挫折しています。引き留める叔父に背いて家を出ることになります。

叔父と同じ機関士を志しましたが、年齢が足りません。浅野汽船という会社の船客ボーイとなったあと、日本郵船の神戸定期に乗りましたが、船酔いがひどく断念。故郷に近い横須賀（神奈川県）では、石炭の積み込み作業などに携わり、木賃宿（簡易宿泊所）に泊まり、その日暮らしの生活を続けていました。ぼくには、いまの山谷（東京都台東区）や西成（大阪市）で生きる労働者たちに、その姿が重なります。

壮士の道へ

転機が訪れたのは一八九〇（明治二十三）年、十八歳のときでした。きつい労働の合間の楽しみは、たまに寄席で浪花節を聞くこと。ひいきの浪曲師を聴きに寄席へと向かう途中、平吉は異様ないでたちの男たちと遭遇しました。

異様な風俗の三人の男が、何やらしきりに怒鳴っているのだ。（略）編笠を阿弥陀に冠り、白い兵児帯をぐるぐる巻いた若者が、手に手に太いステッキを持って、交る交る喋ったり歌ったりする。（略）「マア、この歌を聞きたまえ」と言った。三人声を揃えてうたい出した。

（『唖蟬坊流生記』）

平吉は驚き、感激し、すっかりこころを奪われてしまいました。彼が聞いたのは「壮士節」でした。社会の荒波にもまれ、社会の実情がうっすらと分かりかけていた若者にとって、新鮮な慈雨(じう)のように感じたのではないでしょうか。彼にとってのそれは、ぼくにとってのメッセージフォークに当たるのかもしれません。「壮士」とは、明治期に自由と民権を求めて活動した志ある血気盛んな若者です。

彼らから歌本(うたぼん)を買い求めた平吉は、その日はまったく眠れず、すぐに歌をみんな覚えてしまったそうです。友人たちに聞かせると、声も節回しも初めてとは思えないレベルで、「君が一番上手だ」と褒(ほ)められました。平吉にすれば、その言葉は、初めて道が開けたような気持ちにさせてくれたに違いありません。

この一八九〇年七月に第一回衆議院議員総選挙があり、立憲自由党や立憲改進党などが議席を得ています。憲法、国会ができ、残るは外国との不平等条約の解消です。壮士たちは声を挙げて、政府に早期の解決を求めます。多感な平吉が影響を受けないわけがありません。彼は気分と直感で生きるところがあり、すぐに行動に移しました。

平吉は、壮士たちの団体で、歌本を発行する青年倶楽部(クラブ)から本を取り寄せ、まずは横須賀のまちの小路に立って歌いながら、売り始めます。その歌本の裏には、「普(あまね)く天下の同志を募る――但(ただ)し身体健康、学力あり愛国の志ある者に限る」と書かれていました。政府に言いたいことを言うとしても、それは愛国からだ、ということだろうと思います。

平吉は、壮士たちが一銭(せん)五厘(りん)で売っていたものを二銭で売ると、「これでやっていける」

という強い確信をもちました。きっと歌の実力が違ったのでしょう。

その後は、横須賀から房総半島あたりまで歌い歩き、時には大店（おおだな）の店主から一円紙幣をもらうこともありました。歌本を数百部送ってくれと、青年倶楽部に連絡したことで、「どんな人物なのか」と取りざたされるようになりました。二十歳になった平吉はようやく青年倶楽部に入会。一八九三（明治二十六）年から「不知山人」の名で演歌も作り始め、歌と演説で社会の改良を唱える存在となっていきます。

演歌の誕生

演歌はかつて「壮士節」と呼ばれていたそうで、その誕生のわけを書いていきます。いろいろな本を読んで仕入れた知識から、まとめてみます。

当時、イギリスやフランスなどが中国への進出を虎視眈々（こしたんたん）と狙（ねら）っていました。明治政府は危機感をもって「富国強兵」を推し進めました。豊かになって、兵隊も揃える、という政策です。

一方で、時代の流れから切り棄（す）てられた士族たちの反乱が起こり、自由民権を求める人々の動きも活発化しました。政府はそれらを武力や条例で押さえつけようとしました。集会ばかりか言論まで制約する条例を立て続けに作りました。

演説を警官に止められる弁士
（東京大学法学部附属明治新聞雑誌文庫所蔵）

当時の民権運動では、演説会が民衆に訴える手段として広く行われていました。そこに警官が立ち合い、少しでも不穏な発言があると弁士の発言を注意し、場合によっては「弁士中止！」と演説を中止させる手段に出ました。抵抗すれば、演者も聴衆も拘引されてしまいます。

そこで壮士たちが窮余の策としてとったのが、街頭で歌ってメッセージを届けることです。板垣退助は「民権自由の思想は、社会の下層にこそ浸透させなければならない。それには生硬な演説よりも、俗耳に入りやすい小唄や講談を用いるのがいいかもしれない」（『演歌の明治大正史』添田知道）と述べたといいますが、主張を知らせるために歌を使うことが、ここから始まります。演説する歌、つまり「演歌」が誕生したのです。

壮士が歌ったことから、「壮士演歌」「壮士節」という言い方もありましたが、壮士が歴史の表舞台から去るにつれ、「演歌」が呼び名の代表となっていきました。

江戸時代からニュースを載せた瓦版を読み聞かせて売る「読売」という商いがありましたが、街頭で唱える初期の演歌も似たようなものでした。「いま歌った歌は、これにちゃんと書いてある」と歌本をかざすと、我先にと売れたそうです。

演歌の第一声というべき『ダイナマイト節』は、だれが歌い始めたか、はっきりしていません。いくつもあった壮士グループのなかから熱意をもって演歌をやる者が次第に集ま

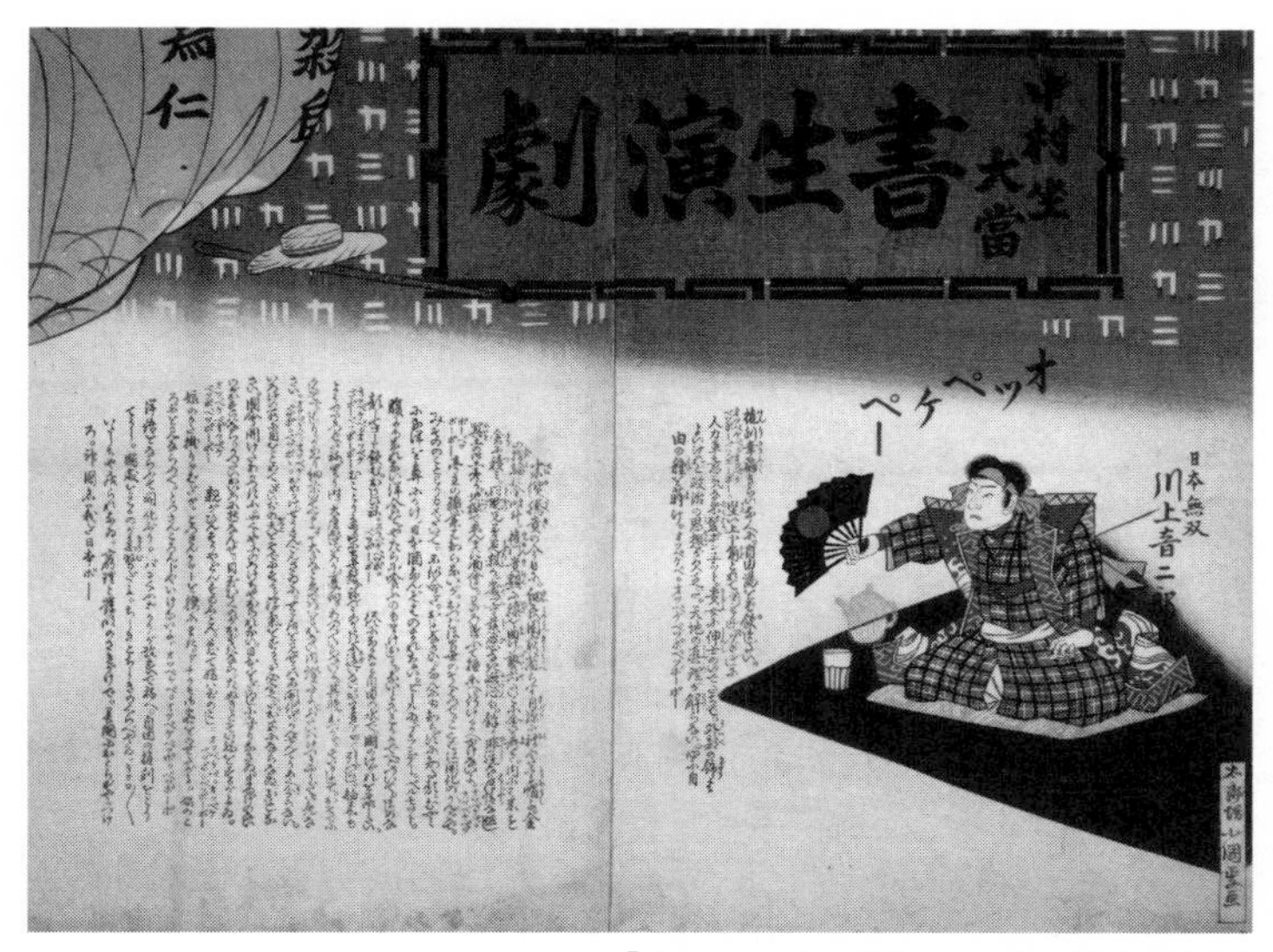

『オッペケペー節』で有名な川上音二郎
（福岡市博物館所蔵、画像提供：福岡市博物館／ DNPartcom）

って「青年倶楽部」を作りました。『オッペケペー節』で知られる川上音二郎の壮士芝居などもやはり自由民権運動の流れのなかから生まれたものでした。

啞蟬坊の息子の知道は自らの著書（『演歌の明治大正史』岩波新書）で「演歌とは思想の流れと大衆との接点をなしていたもので、その大衆は、常に知と金の、両面の特権階級にねじふせられ、それがいびつにもなれば、うめきともなって漏れもしたものが演歌である」といっています。

歌う壮士について「歌うジャーナリスト」「怒鳴る過激派」と表現した研究者もいます。時事的な歌詞は政治色が濃く、歌本は一九六〇年代のアジビラと似たものだったのかもしれません（アジビラは、アジテーションを載せたビラのこと。ただし、歌本は有料）。

後年、「流し」で歌う形を取るようになりますが、当時の壮士は社会を変えるというプライドをもって売り歩いていました。やや高飛車にも思えますが、次のような話も残っています。

> 二階で歌を聞いていた花魁が、ふところ紙に金を包んで演歌壮士に投げおとした。すると壮士は真ッ赤になって怒り、妓楼の玄関につかつかと入って、大音声に、「我輩は芸人ではないぞ。投げ銭などさせるとはけしからん。楼主を呼べ、楼主を！」（中

略）壮士のどなり込みに面くらった番頭が、平謝りをすると、「気に入ったら、本を買うだけでいいんだ。この本を」と片手の歌本を拳骨でたたいて見せたという、この一つ話はそれこそ明治風景の一齣であった。

（添田知道『演歌師の生活』）

壮士節から書生節へ

『東京節』などの演歌を知っている方は、バイオリンを弾いて歌うイメージが強いのではないでしょうか。明治の壮士たちはもちろん伴奏なしで歌いましたが、聴衆の目を引く手段として、人気演歌師だった神長瞭月がバイオリンを取り入れました。芸能の進化として、すごく分かる話です。無声映画の楽士にヒントを得たともされます。もの珍しさからこれが受けると、バイオリンで演歌というスタイルが一般化していきました。のちに瞭月はさまざまな女学校の学生や市中の人のおかしな生態を歌った『ハイカラ節』や、その替え歌である、貸し自転車に乗った様子を歌った『自転車節』を残しています。

余談ですが、この『自転車節』は人気漫画家大和和紀さんの名作『はいからさんが通る』の一話目で、ヒロインの花村紅緒が自転車に乗って運命の人、伊集院忍と出会う場面で使われています。自転車で転ぶ紅緒に対し、伊集院がこの歌を口ずさみながら、「こんな歌をごぞんじですか」と尋ね、運命の糸が絡まっていきます。

大正期に移ると、短い時間で手軽にお金を稼げる手段として、アルバイトに演歌を歌う苦学生が急増したといいます。呼び名も演歌壮士から演歌書生となり、「壮士節」も「書生節」と変わっていきます。

一方、生活の資を得るために演歌を歌う人間もいます。主な活動の場の一つであった縁日では露天商たちに「演歌屋さん」と呼ばれていました。

誇りと共にあった演歌もずいぶん様変わりしました。ヒット曲が出れば、多くの稼ぎになるというので、一時期は東京都内だけで演歌屋が三百人を超えたといい、その波は地方にも波及したといいます。

「演歌師」という呼び名は、いわゆるイエローペーパーとも似た、ゴシップや暴露記事を中心とした大衆向けの「赤新聞」が言い出したものといわれています。そしてぼくはいま、その「演歌師」を名乗っています。

「流し」の登場

昭和初期から演歌師の活躍の場も変わっていきました。路上での活動が主体だったのが、次第にカフェや飲み屋に入り込み、そこの客に歌本をすすめ、買ってくれれば歌うというようになりました。次第に歌の対価としてお金を受け取るようになり、とうとう明治のしっぽともいうべき歌本も姿を消すことになりました。これがいわゆる「流し」というスタイルの始まりです。

「流し」も一人での演奏から、ギターやアコーディオンなどと組み、二、三人でやるようになっていき、歌謡曲をはじめオペラやシャンソンまでこなす者も出てきて「まちの楽師」のようになりました。この「流し」から、岡晴夫（おかはるお）さんや北島三郎さんが出てきます。藤圭子（ふじけいこ）さんも錦糸町（きんしちょう）（東京都墨田区）、浅草（あさくさ）（台東区）、上野（うえの）と「流し」をしていたといいます。いわゆる流行歌に「演歌」という名称が残ったのは、この「流し」という形態が関係しています。

2――どんな悲境の底にいても

鋭さを増す政治風刺

主人公の添田啞蟬坊に話を戻します。

彼が所属していた青年倶楽部には壮士たちばかりか、足尾銅山公害闘争で有名な田中正造ら大物政治家も顔を見せていました。ただ、壮士たちが応援していた国会議員が当選後に政府側へ寝返ることも珍しくありませんでした。そういう風潮のなか、政治にたかるゴロツキのような壮士も現れました。いつの時代も、同じようなことが繰り返されています。

しかし、かえって啞蟬坊の政治風刺は鋭さが増しました。暴力で訴えようとする者が増えた青年倶楽部のなかで、「歌は歌であるべき」との姿勢を曲げなかった彼は孤立していきます。日清戦争の勝利も、戦費のつけを増税に転嫁し、貧しい人たちをさらに厳しい状況に追い込むものとしか、彼には映りませんでした。
一九〇一（明治三十四）年、青年倶楽部は消滅しますが、啞蟬坊は弟子と二人きりで演歌の正道を歩もうとします。

最初のヒット曲

演歌師仲間に、さほどの年齢でもないのに「渋井のばあさん」と呼ばれるてき屋の女房がいました。この女性が啞蟬坊に「どうもこの（演歌の）文句が堅苦しくていけないよ、先生。もっとくだけたのを作ってくださいよ」と言い、それで「のむき山人」と号して作ったのが『ラッパ節』でした。彼のヒット曲第一号です。

わたしゃよっぽどあわて者
蟇口拾うて喜んで
家へ帰ってよく見たら
馬車にひかれたひき蛙
トコトットット
畳叩いてこちの人

悋気（筆者注・やきもちのこと）でいうのじゃないけれど
一人でさした傘ならば
片袖ぬれよう筈はない
トコトットット

いまとなれば古くなった言葉もありますが、当時は普段使いの言葉ばかりで、実に斬新だったと思われます。ようやく堅苦しい裃を脱ぎ、ごく普通の言葉で風刺ができたことが画期的でした。

民衆と同じ目線に立ったことで大当たりし、滑稽物に手応えを得たのです。日清戦争の渦中というのに、戦時物を超えて人気を博したのですから、当然といえば当然かもしれません。夏目漱石のベストセラー『吾輩は猫である』にも、「それより英書でも質に入れて芸者から喇叭節でも習った方が遥かにましだ」というくだりが出てきます。いかに流行の歌だったかが分かります。

このころ、彼は俳句をやり、俳号を「唖蟬」としていましたが、ほかにも同じ俳号の者がいると聞いて「凡人」と変えました。しかし唖蟬も捨てがたく、これに「坊」を付けて、演歌のほうで「唖蟬坊」というようになりました。

政争の具となった壮士演歌から独立した唖蟬坊でしたが、『ラッパ節』の流行により再び政治の世界と関わることになります。
社会主義者の堺利彦（さかいとしひこ）から、自ら発行する新聞で『ラッパ節』の替え歌を募集したが応募が少なかったため、新しい歌詞を依頼されて作ったのが『社会党ラッパ節』でした。それは世相から政治を撃つという視点の定まった歌でした。

華族の妾（めかけ）のかんざしに
ピカピカ光るは何ですえ
ダイヤモンドか違います
可愛い百姓の膏汗（あぶらあせ）　トコトットット
（中略）
名誉名誉とおだてあげ
大切な倅（せがれ）をむざむざと
砲（つつ）の餌食（えじき）に誰がした
もとの倅にして返せ　トコトットット

唖蟬坊は「政治」よりも「人間」を、「思想」よりも「人柄」を信用していました。政治も思想も胡散臭いということです。堺利彦の人間性、人柄に惚れて、社会党の党員になりました。

当時の社会主義者は危険人物として警察にマークされ、どこへ行くにも尾行がついて回りました。唖蟬坊は一度、浮浪者として勾留されたことがあります。唖蟬坊は高飛車な警察官に対し、「そっちから見ればこっちが格子の中かも知れない。でもこっちからはお前のほうが格子の中に見える」と言い放ったといいます。

別の署に勾留されたときにも、逸話があります。留め置かれた翌朝、署長室に呼び出されました。実はこの署長はかつて唖蟬坊と意気投合し、俳句の弟子となった人物で、恐縮しながら椅子をすすめたそうです。これらのエピソードは唖蟬坊の人間性を強く物語っています。

妻の死と幸徳秋水の死刑

唖蟬坊が「もっと人間のこころを歌いたい、民衆の生活に触れたものを歌にしたい」と思うようになるのは当然です。そして、『むらさき節』のような心に染みる演歌が生まれてきます。この歌はぼくも大好きな一曲です。

啞蟬坊の妻タケが、二人目の子を産んで体調が悪化して死んだのが一九一〇（明治四十三）年。二十九歳といいますから、当時としても早い死だったのではないでしょうか。啞蟬坊は悲しみに沈みます。同じ年に幸徳秋水が神奈川・湯河原温泉で逮捕され、証拠不十分なままにほか十一名と共に死刑に処せられます。世にいう大逆事件です。

啞蟬坊はこのことに衝撃を受け、「もう演歌はダメだ」とさえ思い、虚脱状態に陥りました。そんなときに不意に浮かんだのが『むらさき節』でした。

むらさきの　袴さらさらホワイトリボン
行く先何処　上野飛鳥山向島
ほんにのどかな花の風
散れちれ散るならサッと散れ　チョイトネ

この曲は一九一一（明治四十四）年に大流行。やまと新聞が「チョイトネの元祖啞蟬坊」と三日連続で書いたほどで、『チョイトネ節』とも呼ばれたそうです。高い評価を受けて啞蟬坊は『忠臣蔵むらさき節』『義士銘々伝むらさき節』などの新作を俳人仲間の協力を得て作りました。亜流の替え歌も続々と作られました。

唖蟬坊は芸術という言葉を嫌い、ほとんど使いませんでしたが、「この歌だけは芸術だ」と言ったほどの自信作でした。優しく切なく聞こえるこの歌にも、風刺は盛り込まれています。

つまらないああつまらないつまらない
小作のつらさ　待ってた秋となってみりゃ
米は地主にみな取られ
可愛い妻子は飢えに泣く　チョイトネ

唖蟬坊の曲は、どの曲にも必ず風刺が盛り込まれており、優しい歌楽しい歌で人を惹きつけておいて、その後にチクリと刺す。その落差が唖蟬坊演歌の真髄といえます。

「金だ金々　金々金だ」

唖蟬坊はバイオリンなど楽器を使わず、すべて無伴奏で歌い、曲は鼻歌で作ったそうです。三味線調の曲が多く（ここに叔母の影響が読み取れます）、以降の歌謡曲にも多大な影響を与えることになりました。声は細くよく通り、透き通る美声といわれましたが、残念ながら録音は一つも残されていません。神長瞭月や後藤紫雲、鳥取春陽、石田一松など多くの演歌師がレコードを吹き込み、唖蟬坊にも話があったものの、演歌は歌ではなく主義を売るもので「商業主義には乗らぬ」と断ったとされています。もっとも、当時の録音レベルでは唖蟬坊の美声も残らなかったでしょう。

関東大震災後には、小沢昭一さんも大好きで歌った『金々節』を発表しています。風刺の極みともいえるこの曲は二十一番もの歌詞があり、全部歌うのには間奏なしで六分ほどかかります。小沢さんはテレビ番組で歌ったときに、壁やピアノなどにこっそり歌詞を張って歌ったそうです。

金だ金々　金々金だ
金だ金々　この世は金だ
金だ金だよ　誰が何と言おと
金だ金だよ　黄金万能
学者・議員も政治も金だ
金だチップも賞与も金だ

金だコンミッションも賄賂(わいろ)も金だ
夫婦・親子の中割(さ)く金だ

唖蟬坊は関東大震災を受けて東北へ避難します。その後の一九二五（大正十四）年、「半仙生活」と称して、群馬県の桐生(きりゅう)の山中で暮らし、健康のため米食を止め、松葉や木の実などを食べる「松葉食」で暮らしたそうです。
あるとき、演歌師の石田一松が知道を訪ね、新たな作品を作ってほしいと依頼しました。それが一九三〇（昭和五）年にできた『生活戦線異状あり』です。

春が来た来た　春が来た
春が来て草木も芽が出たに
俺の目は凹(へこ)んだおかしいぞ
ヨワッタネ　生活戦線異状あり

アメリカニズムが根を張って
物価が高くなるばかり

人間は安くなるばかり
ヨワッタネ　生活戦線異状あり

これが唖蟬坊の最後の作品となりますが、社会風刺の鋭さは相変わらずです。演歌師を引退した唖蟬坊は一九三五（昭和十）年に「一切を忘れて透明の境に入るべく」、四国の八十八ヵ所霊場のほか九州一円、岡山県倉敷市あたりを巡拝するお遍路に出発。五年後に東京へ戻りました。脳溢血で倒れ、知道宅へ引き取られるまで、親しかった本所（東京都墨田区）の屑屋の倉庫の二階で晩年を送りました。

民衆の声を代弁し続けた唖蟬坊が七十二歳で亡くなったのは、終戦前の一九四四（昭和十九）年。生涯で約百八十曲もの演歌を生み出しました。

唖蟬坊の墓は東京・小平霊園に建てられ、碑にはイタリア語で「A CICALA—MVTA CHE CANTAVA E LA SVA MOGLIE CHE L'AMAVA -mom-〈歌をうたった唖の蟬と彼を愛したその妻に（捧ぐ）〉」と書かれています。

生涯、自由気ままに暮らし、気に入らないことは何もしなかったという唖蟬坊。それはある意味、規範から自由でもあったということです。自分を愚かな人間、怠け者だといい、最後まで自然体で生き抜いたからこそ、人々の気持ちを代弁する歌が書けたのだろうと思います。

政治に不信感が募るたび、新聞やテレビで啞蟬坊がクローズアップされました。彼の歌の生命力は、それだけ強いということだろうと思います。

息子・知道の反骨精神

啞蟬坊の「演歌」を引き継いだのが、息子の知道です。

知道は一九〇二（明治三十五）年、東京・本所で啞蟬坊の長男として産声（うぶごえ）を上げました。七歳から大磯の祖母宅に預けられます。老年で手に負えないということで、八歳で親元に返されますが、仕事で全国を放浪する啞蟬坊にほったらかしにされ、愛情に飢えて育ちました。後年、知人によく「知さん、お前さんは一人で育ったようなもんだよ」と言われたそうです。

十歳から啞蟬坊の歌の清書などをさせられた知道。家には父の資料やロシア文学の本が揃（そろ）っていたこともあり、ほかの子どもよりも早熟だったようです。ツルゲーネフやドストエフスキーなどを分からないままに読みふけり、トルストイの『イワンのばか』に強い影響を受けました。

しばらく学校に行かせてもらえなかった知道でしたが、啞蟬坊の俳句の弟子である警察

啞蟬坊の長男、添田知道
（写真提供：県立神奈川近代文学館）

署長の配慮により、貧民向けの特殊小学校である万年尋常小学校（下谷、現在の東京都台東区）へと進学。五年生からは夜間部に通い、昼間は喜劇の曾我廼家五九郎一座の常打ち小屋だった浅草・金龍館で小間使いとして働きました。

知道も唖蟬坊に似て、色白な美少年だったといわれます。

住んでいた下谷の通称「いろは長屋」には多くの演歌師や社会主義者が出入りしており、自然と反骨精神も培われていきました。当時の日本大学附属中学校を中退しましたが、次のようにいっています。

> 俺は学校を中途でやめはしたが、それが退いたとは思っていない。これ以上この学校にいる必要はないと見切りをつけて社会に出た。これ即ち社会大学ということ、だから中学は中途卒業というわけ。
>
> （『素面』七十六号）

これが決して負け惜しみではないことは、その後の人生からはっきりと感じとれます。生涯、学びの心を失わず、「人みな教育者」が座右の銘でした。

売文社での日々

十五歳のとき、堺利彦の売文社（ばいぶんしゃ）で給仕（きゅうじ）兼玄関番として働くようになり、三年間を過ごしました。堺が赤旗事件で獄中にいたため、大逆事件への連座を免れ、社会主義者の生活を守るために代筆などを仕事とした団体が売文社です。

編集雑務や執筆も任され、知道は随筆や短い小説、戯曲にも挑戦しました。これが物書きとしてのスタートで、売文社は「社会大学」として、知道の人間としての礎を築くことになります。幅広い交友関係もここが起点となっており、晩年には「我が人生の一番良い時期だった」と述べています。

当時の知道は十代にもかかわらず、どんな人間にも臆することはありませんでした。大手新聞の名物記者から堺に電話が入ったときのこと、相手のぞんざいな言い方が気にくわず、「こっちは玄関番の添田という者だ。文句あるならいつでもこい」と啖呵（たんか）を切ったりもしました。

休みの日は浅草で遊び回り、頭のなかは寝ても覚めても浅草のことばかりでした。その思いを詩に託したのが『五月の歌』（『新社会』大正七年六月一日号に発表）です。

三河にて浅草を恋う友はよし

東京には居れど　われは貧しく
浅草の雑沓の中に　まぎれ入り
しばしは何も忘れんと思う
オペラが良い　俺の好きな唄でも聞かん
割り引きで入る——少時の歓楽

ぼくは、この詩を初めて読んだとき、まるで最初から曲がついていたかのようにメロディーが浮かび、最初のアルバムに収録しました。

一九三〇（昭和五）年に啞蟬坊の著書として出版された『浅草底流記』は当時の浅草の情景を鮮やかに描き出した傑作ですが、実はこれは知道が代筆したものだといわれています。

『東京節』は親子共作

知道の処女作にして代表作が『東京節』。「さつき生」の筆名で十六歳で初めて作詞に挑戦した曲です。

あるとき、売文社が発行していた雑誌『新社会』に啞蟬坊の『ノンキ節』を載せたいと言われ、知道が使いで唖蟬坊の住む下谷「いろは長屋」に行くと、唖蟬坊がよく分からない歌を口ずさんでいました。それは洋食屋のメニューをそのまま歌った「フライ、フライ、カレーライス、ソーダミルクにカフェ、ナフキン」というものでした。当時の知道は唖蟬坊の仕事を継ぐ気はまったくありませんでしたが、「お前もひとつ演歌を作ってみないか」と誘われました。

未完成なまま口ずさんでみせるので、小説家志望のこちらも歌は決してきらいではなかったのだから、ついつりこまれて行った。いっしょになって、そのメニューソングをまとめることをやった。出鱈目節などというものを作ってきた唖蟬坊だから、どうせ浮世は出たらめだという感があって、口ぐせにもなっていて、それがそのときも出てきたのだった。デタラメがラメとなり、ラメチャンとなり、パイがパイノパイの囃し言葉になったという次第だった。

（添田知道『演歌師の生活』）

唖蟬坊がこのとき口ずさんでいたのは、知道が幼少のころ、蜂に局部を刺されたときに唱えていたものです。「トモチャンガミヤコにカエルトキ　ハーチニチンコヲサーサレ

テ　アイタタッタ　コリャオカシ……」。これは軍歌『ますらたけを（「益荒猛男」で勇猛な戦士のこと）』として歌われたり、救世軍が街頭宣伝に使って広く知られたメロディーでした。原曲はアメリカの『ジョージアマーチ』だとは知らずに知道は歌詞づくりにのめり込みました。

冒頭の『東京節』の歌詞には、一九一八（大正七）年ごろの東京周辺の建物が並んでいます。「東京風物詩」にしようと、東京の中心・丸の内から浅草、隅田川の向こうの工場地帯、東京市の風俗などを歌ったものでした。

この歌は歌本として刷られ、だんだん流行し始めます。知道は神田（東京都千代田区）の町を歩いているときに知らない学生が歌っているのを見て、妙にくすぐったい気持ちになったそうです。案の定、『東京節』は大流行することになります。

これがきっかけで、知道は演歌に踏み込むことになります。父親の道に引き込まれたわけです。続編として作った『平和節』には京都、大阪、名古屋などの風物を歌い込んで、これもよく歌われるようになりました。

堺利彦とのいざこざで売文社を辞めたあと、唖蟬坊のすすめで知道は小冊子『演歌』の編集に携わることになります。本格的な演歌を作るには庶民の気持ちを肌で感じ取る必要があると、知道は街頭に立つ決心をしました。

当時の演歌はコンビを組み、一人は歌とバイオリン、一人は売り方をします。バイオリンは教則本で独学しましたが、うまく弾くことができません。声は唖蟬坊にも劣らぬ美声でしたが、お金を儲けること自体が嫌で、街頭へ出てもなかなか稼ぎになりませんでした。

「添田さつき」という名は幼いころ、曾我廼家一座で子役として出るという話があり、「さつき」という名をもらったことによります。座員となる話は立ち消えになりましたが、『東京節』ではそれを筆名として使いました。あるとき、雑誌が勝手に「添田」を付けてしまい、「添田さつきがならわしになってしまった」と著書で振り返っています。

「帝都復興　エーゾエーゾ」

演歌師となった知道が二十一歳のときに、関東大震災（一九二三〈大正十二〉年九月一日）が起こります。焼け野原となった東京でかろうじて焼け残ったのが日暮里（東京都荒川区）でした。そこで、急きょ鳥取春陽（岩手県宮古市出身の演歌師）と作った『大震災の歌』を披露しました。こんなときに歌を歌ったら、袋叩きにあうかもしれないと恐る恐る歌うと、狭い横丁のあちこちから人々が顔を出して聞き入ったそうです。そのあとに渋谷白涙と作った軽快な『復興節』を歌うとさわやかな笑い声が起こりました。

家は焼けても　江戸っ子の　意気は消えない見ておくれ
アラマ　オヤマ　忽ち並んだバラックに
夜は寝ながらお月さま眺めて　エーゾエーゾ
帝都復興　エーゾエーゾ

このとき、知道は「人は、どんな悲境の底にいても、歌は欲している、ということを思い知らされた」と語っています。

演歌の衰退後は、子ども時代からの目標であった文筆家として腕を振るい、『演歌の明治大正史』など演歌についての著作を多く書き、自分が通った万年小学校の校長をモデルにした『小説　教育者』なども発表しました。

実は「底辺」「底流」「春歌」などの言葉は、知道が使い始めて一般化したともいわれており、「いまのマスコミは〝マスゴミ〟」などと、現在ネットで見られるような言葉もいちはやく使っていました。

知道は倹約家で、戦後も戦前と変わらぬつましい暮らしをしていたといいます。しかし、スッカラカンの無一文の父親と違い、家と土地四十坪と現金二千万円を遺しました。

そこは見習いたい。

晩年、「反骨が着流しを着て歩いている」といわれた知道は一九八〇（昭和五十五）年、七十七歳で死去。入院していた病院の院長は、浅草の伝法院で行われた偲ぶ会に「故人は古武士のごとく病気など超越し達観した様子だった。自分がこれまで見た患者の中で最高の患者だ」と弔辞を寄せました。現在は父親と同じ小平霊園の墓に眠っています。

添田親子の功績

この親子をよく知る作家尾崎士郎は「啞蟬坊の最大傑作は知道だった」と書いています。啞蟬坊の気儘さに反発した知道も日記に、「古い歌は真実があるからやり切れない。おやじは困ったおやじだったが、歌は大したものだ」と書き残しています。

知道が演歌の保存や研究に尽力しなければ、日本の民衆の思想や風俗文化の歴史から演歌は抜け落ちたかもしれません。

知道は生前、教えを乞いに来た桃山晴衣さん（三味線弾き唄い・語り奏者）に演歌を伝えました。伴侶の土取利行さんによると、桃山さんのほかには、小沢昭一さんが時折訪れ、何曲か習っていった程度で、桃山さんは「こんな生き字引のような人がいるのに、どうしてみんな演歌を直接教わらないのだろう」と思っていたそうです。

知道が亡くなり、浅草の伝法院で偲ぶ会をやったときに、小沢さんが『金々節（かねかねぶし）』を披露。大勢の人が参列していましたが、もちろん政府関係者は一人もいなかったといいます。それが知道の生き方を象徴しているように思えます。自らが庶民としてその叫びを歌った添田親子の「演歌」だからこそ民衆に響いたのです。

最後にぼくの『ノンキ節』のアレンジで、とても評判のよかったものを挙げて、章の締（し）めくくりとします。少しは啞蟬坊・知道の反骨精神を受け継ぐことができたのではないかと思います。演歌を残してくれた感謝の気持ちから、そして身内のつもりで二人の墓掃除は続けます。

国民のヒーローが政治の世界へ
国を背負う気で頑張るそうな
国会は畳じゃないからね
放り投げるのだけはやめとくれ
ア、ノンキだね

第二章

「無翼」の歌、「庶民翼」の歌
カンカラ三線を持ってどこへでも

1――演歌にはカンカラがよく似合う

親世代の歌を

政治風刺というと、まじめ一辺倒に思うかもしれませんが、第一章で出てきた『ラッパ節』には「トコトットット」、『むらさき節』には「チョイトネ」のような珍妙な歌詞がありました。

そんなふうに「演歌」のなかには、いまでは信じられないようなおかしな言葉が頻出します。たとえば、『東京節』には「ラメチャンタラ　ギッチョンチョンデ　パイノパイノパイ」という訳の分からない歌詞があります。「オッペケペー　オッペケペッポーペッポッポー」というのが『オッペケペー節』。『東京節』は、「日本の喜劇王」といわれたエノケンこと榎本健一（えのもとけんいち）さんやザ・ドリフターズも歌っています。

奇抜な歌詞は気分を上向かせたり、規制だらけの世の中を笑ったり、常識を脱臼（だっきゅう）させたり、いろいろな効用があります。昔はいまより歌詞が自由だった気がします。『ノンキ節』は添田啞蟬坊の曲と詞、『東京節』の元は『ジョージアマーチ』で、啞蟬坊の息子の知道の作詞、『オッペケペー節』は川上音二郎の曲と詞です（「付録」参照）。

演歌師の中でも多くのヒット曲をもつ（歌本が売れた）添田啞蟬坊と、啞蟬坊の詞をフォークソングにのせて歌った高田渡さんは生涯、底辺から歌う気概をもっていた人だと思います。

ぼくは当然、そういう古い演歌とは無縁で育ちました。後年、フォークソングの吉田拓郎さんに入れ揚げましたが、拓郎さんはぼくの親の世代が聴いていたシンガーです。もういまの若い世代はその拓郎さんも知らなければ、フォークソングが何かも知りません。

少し前、新宿の居酒屋「千草」で、その日が千草デビューという二十代とおぼしきカップルと話をしました。ぼくのカンカラ三線に興味をもってくれたので、フォークソングや拓郎の話などを振ったのですが、まったく知らないと言っていました。これを隔世の感というのでしょうか。

ぼくは拓郎さんが好きになり、ギターの弾き語りでプロ歌手を目指すようになりました。次第に、岡林信康さんや高田渡さん、なぎら健壱さんといったメッセージ性の強い七〇年代フォークにたどり着きました。

ここでいうメッセージとは、たとえば拓郎さんの『落陽』（作曲・吉田拓郎、作詞・岡本おさみ）で歌われるのは、サイコロ賭博で身をもち崩した「フーテン暮らしのじいさん」です。彼は拓郎さんに「あんたこそが正直者さ」と言われています。それに比べて、「この国ときたら賭けるものなどないさ」と散々です。個人と国を秤にかけて、しがない、そしてろくでもない個人のほうを大事にする。ぼくはそこに強烈なメッセージを感じたのです。当たり前の顔をして流れる社会の動きに異を唱える。それも真っ正直に行かないで、はすかいからやる。メッセージという言葉はそういう意味で使っています。

渡さんの歌っていた『あきらめ節』などの詞は、もともと添田唖蝉坊が作ったものです。その中身は、なかなかに苦みとペーソスに満ちています。地主や役人や税や利息に苦しめられて、「わが身の不運とあきらめる」が、自分は「自由の動物」だから、「あきらめきれぬとあきらめる」と最後にしぶといところを見せます。

渡さん行きつけの吉祥寺の「いせや」という大衆酒場で、その歌は唖蝉坊譲りだと種明かしをしてくれました。それがきっかけで、ぼくは演歌を歌い始めました。メッセージの強い人たちを好きで聴いていたけれど、その尊敬する人たちが尊敬するもっと前の「主張した」人たちがいることに驚いたのです。それも昔の歌詞ながら、ふざけてぶっ飛んでいるのが気に入りました。かっこいいと思いました。

当時は「最後の演歌師」といわれた桜井敏雄さんが一九九六年に亡くなって以来、演歌をきちんと継承している人はだれもいませんでした。ならばぼくが受け継ごうと思ったのです。そして出合った楽器が沖縄の「三線」の代用品であるカンカラ三線でした。

空き缶で作った三線

この楽器はいたくシンプルにできていて、見た目どおり、間に合わせでできた楽器です。沖縄戦で米軍の捕虜となった人たちが、収容所で自由を奪われたものの、どんなに苦しいときも歌を忘れず、配給の大きな缶カラにパラシュートの布から作った弦を張り、棹の部分はベッドから削り出したものが、カンカラ三線です。歌好きの沖縄の人がやむにやまれず作った楽器です。

代々木公園でギターの弾き語りをしていたとき、いろんな民族楽器を演奏していたおじさんと仲良くなり、たまに一緒にセッションをするようになりました。あるとき、そのおじさんが持ってきたのがカンカラ三線。三線と三味線では長さも材質も、そして歴史も違いますが、当時はその区別さえつかなかったし、ましてやカンカラ三線なんてまったくの初めて。空き缶でできているから、見るからにお金がかかっていなさそう。一目見て、「これで歌ったら、人と違って格好いいのではないか」とひらめきました。ぼくの場合、

「人と違う」ということが、ものごとを決める大事な要素になっています。

おじさんに触らせてもらって、適当に単音で、つまり弦一本を一音で弾きながら歌ったら『ハイカラ節』や『ノンキ節』とぴったりはまりました。

「これ欲しい！」とおじさんに言うと、「これは譲れないけど、今度別のものを持ってくる」と約束してくれました。次の週、透明な袋に空き缶と棹、調弦するからくりの部分、弦などがバラバラに入った状態で持ってきてくれ、三千円で譲ってくれました。おじさん、どこかで買ったキットを持ってきたようでした。

そのときは、「わしたショップ」（沖縄物産品のアンテナショップ）などで売っているとはまったく知らず、おじさんが作っているんだと思い込んでいました。家に持ち帰り、完成品を思い出しながら、組み立て始めました。棹をカッターややすりで削り、透明な塗料を塗るなどして二週間かけて完成させました。公園に持っていって弾いたら、これがやはり演歌としっくりとなじむのです。

考えてみれば、庶民の思いや叫びを歌うのに、高級な三味線や三線で歌うよりも、戦後の沖縄の叫びから生まれたカンカラ三線のほうが説得力があります。重さは五百グラムほどしかないので、ギターと一緒に持ち歩ける利点もある。カンカラ三線をメインに使っている人はだれもいないし、せっかくだから見てほしいと思い、演歌のほかに古い歌謡曲の

筆者が 20 年間使い続けているカンカラ三線

レパートリーを少しずつ増やしていきました。そうして飲み屋さんのライブでも、二曲くらいはカンカラで弾くようになりました。

あるとき、カンカラ三線を気に入ってくれたお客さんがいて、「会社の忘年会で、カンカラで三十分やってくれ」と言います。「ギターを持っていく」と言うと、「いや、カンカラだけ」とのこと。ギャラは三万円。それまで、そんな営業はありませんでした。

当時は演歌を含めて、『憧れのハワイ航路』や『お富さん』などカンカラのレパートリーは十曲ほど。ちゃんと練習していったら、予想以上に盛り上がり、それまででは考えられないほど投げ銭ももらえました。「これでメシが食える」と直感した瞬間でした。

三千円の手作り楽器

カンカラ三線を持つ前、メインのギターは拓郎さんも使っていた名器「ギブソンJ－45」(一九六七年製)で、三十万円。当時は、歌だけでは食べていけず、アルバイトを続けていました。

三千円の手作りのカンカラを使い始めたときは、周囲から「そんな楽器でやっていけるのか」「すぐ壊れないの?」などと言われたけれど、少しずつ仕事が増え始め、五年後には歌一本で生活できるまでになりました。ステージで「三十万円の楽器で食えなかったのに、三千円の楽器だけで生活できるようになりました！」と話すと、笑いとともに拍手が起こります。

思えば三十万円のギターで歌っていたときは、憧れのフォークシンガーの先輩たちのモノマネにしか過ぎませんでした。でも、この素朴な楽器を使うようになったことで、背伸びをせず、自分をそのままさらけ出して歌えるようになったし、歌とちゃんと向き合えるようになった気もしています。

ギターは持ち運びが大変で、見た目がいかにも売れないミュージシャンという雰囲気を醸（かも）し出してしまうけれど、カンカラならばリュックに気軽に入れて、楽に移動できる。からくり部分を出しておくと、飲み屋などでも「これは何？」と声をかけられる。あるときには電車の中で声をかけられ、「この楽器で歌っています」とチラシを渡すと、「うちの老人ホームで歌ってくれないかな」と仕事につながったこともあります。背負って歩いているだけで思いがけぬ宣伝効果がある。最初は、カンカラ三線とこんなにも長い付き合いになるとは思ってもいませんでしたが、いまではかけがえのない〝相棒〟となっています。

少しずつカンカラ三線での仕事が増えるにつれ、反比例するように、多少は付いていたフォークのファンが去っていきました。はしなくも、以前、フォークシンガーの南正人（みなみまさと）さんの前座をつとめたときに、「岡君、カンカラは趣味に留（とど）めたほうがいいよ」と言われたことを思い出します。そのときは反発しましたが、いま考えれば、南さんはフォークソングのほうを買ってくれていたのだと感謝するようになりました（残念なことに、南さんは二〇二一年一月七日にお亡くなりになりました）。

〝単独者〟に憧れて

ぼくは、「演歌はかっこいい」と思って、その道に進んだ人間です。メッセージやプロテストが先にあるべきだと言う人がいますが、ぼくは詞の面白さや音楽性のほうから入ったのです。

たしかに拓郎さんや渡さんに向かったのだから、メッセージに衝き動かされていたといえないわけでもないのですが、ぼくの実感としては、彼らがやっていることは「かっこいい」ということだったのです。岡林信康、浅川マキ……強い何かを訴えてきます。でも、自分ではメッセージで反応している、という意識ではなかったのです。

当時は、自分のことをうまく分析できませんでしたし、そのつもりもありませんでした。しかし、人前で演歌を歌い、さまざまな指摘や教えを受けるうちに、ぼくはずっと〝単独者〟のかっこよさに憧れていた、ということが分かってきました。自己紹介で「〇〇プロダクション所属の」「〇〇協会所属の」……と言う人より、単独で自分の名前の旗を揚げる人のほうがかっこいい。

啞蟬坊に出会い、カンカラを鳴らしたのも、やはり必然だったのです。フォークの淵源(えんげん)を探っていけば、そこに行かざるをえないのです。それはまた、いまとなればだれもやっていないことでもあったのです。ぼくの性分にぴったりだったわけです。

メッセージはかならずしもプロテストである必要はなく、風刺、つまりチクリと刺す。そういう軽さでもいいと思うのです。そのほうが、歌が生き生きとしてきます。啞蟬坊・知道の歌がそうであったように。ぼくはあくまで歌い手であって、活動家ではありません。

プロ歌手になるチャンスを二回逃し（これには後の章で触れます）、目の前で騒がれる先輩フォークシンガーと比べて、いつまでも芽が出ない自分に苛立(いらだ)ち、気落ちし、ぼくがやっとたどり着いたのが演歌でした。演歌が文字どおりぼくを救ってくれたのです。

演芸場から集会まで

ぼくは演歌をメインにして、昭和歌謡、カンカラ三線やギターでのオリジナルソングという組み立てで歌っています。演芸場や施設、大衆酒場やスナックでの流しなど、あちらこちらで構成を変えて営業をしています。

一番楽しい場が演芸場。「楽しい」というのは、笑いを作り、それがウケたときの楽しみがあるということです。笑いの場に自分を置くことで、風刺の仕方にも「幅」が必要であることが分かってきて、本当にいい勉強になっているな、という気がします。

二〇〇九年からボーイズ・バラエティー協会という団体に所属しており、東京・浅草の東洋館の定席に出させていただいています。ボーイズとは楽器を使った複数人の音楽ショーのことで、「あきれたぼういず」がその発祥なので、そう呼ばれるようになりました。ぼくがボーイズを初めて見たのは、大阪のスープ・チンドンズ倶楽部代表の高木蜻蛉之介さんに、毎年五月の連休に国立演芸場で開かれるボーイズのイベントに連れていってもらったときでした。

いまはあまり見かけなくなりましたが、かつては商店街のお店の開店となると、「ちんどん」がやってきて、前景気をあおったものです。

口上とちんどん太鼓（鉦と上下に太鼓が並んだあの楽器）、ゴロス（大太鼓）、それに楽師の三人で練り歩きます。楽師はクラリネット、アコーディオン、三味線などのどれかが参加します。街頭で音楽を鳴らして商売をするという意味では、ぼくと似ていて、一緒にライブをやってもしっくりきます。

演芸会で出会った噺家さんが色物として独演会に呼んでくださることもあります。演芸の場に立つようになってからこしらえたのが、ぼくのトレードマークとなった赤い半纏です。昔の演歌師は着流しに兵児帯、ゲタを履いたようですが、この赤い半纏を着てから演芸の仕事が飛躍的に増えました。芸人らしい格好になったのがよかったのかもしれません。芸人の先輩から、演芸場の舞台に上がるときは、上から下まで着替えなくてはいけないよ、と言われたのがきっかけです。

一番やりがいのある場が、反戦や反原発などの集会です。演歌が未だに必要とされている、という実感があります。

二〇一三年十二月六日、「秘密保護法（特定秘密の保護に関する法律）」がその当日の夜に強行採決されるという夕方、日比谷野外音楽堂で反対集会が行われました。会場とその周囲に一万五千人もの人が詰めかけました。立錐の余地もないというのはこういう状態をいうのかと思いました。そのオープニングに一人で舞台に上がりました。会場に集う人々の熱量に負けちゃいけないと声を張り上げました。

法案は、特定の秘密の範囲が曖昧で、秘密の期間も都合で六十年まで延ばされるといういい加減なものです。政府の横暴を許すな、という人々の強い思いが肌で感じられました。歌ってみて、こういう場所こそ演歌にふさわしいと思いました。このときに歌った『ストトン節』には、新しい詞をのせました。

ストトンストトンと幹事長　国民の声がテロだとさ
そっくりそのまま返します　秘密保護こそテロ行為
ストトンストトン

これは、石破茂幹事長（当時）が「単なる絶叫戦術はテロ行為とその本質においてあまり変わらない」と発言したのを受けて作ったものです。楽屋で聞こえた「そっちこそテロだ」の声からすぐにアレンジして使いました。大きな反響があって、ほっとしましたが、普段は準備に準備を重ねて舞台に立つので、こういう即興を披露することはあまりありません。

これまでで最も多くの人の前で歌ったのが二〇一五年五月三日、横浜・臨港パークに延べ五万人が押し寄せた「平和といのちと人権を！　5・3憲法集会」という大集会でした。雨宮処凛さん、大江健三郎さん、澤地久枝さんなどが次々とスピーチを行いました。司会は木内みどりさんでした。安倍政権に何か言わねば、という人たちがそれだけ多かったということです。ぼくはそれらのスピーチのまえに、『ああわからない』を新しい風刺で歌いました。

ああわからないわからない
すべて秘密で隠されて強行採決茶番劇
国民の声は無視されて　憲法改正急ぐのか
任せる国民もわからない　我らのお国もわからない

歌ったあと、会場にぎっしりと立ち尽くす人たちから「そうだ！」という声が次々と上がり、ぞくぞくっとしました。

三十〜五十人規模の小さな集会も演歌を伝える絶好の場です。ぼくは直接的に批判するのではなく、政治を風刺し、笑い飛ばすことを心がけています。人は真っ正面から批判しても聴いてくれません。言い回しにユーモアを混ぜたりすると、反応がよかったりします。それこそ現場は、作ったネタが良ければウケるし、悪ければまったくウケません。滑ったときの冷や汗たるや……。

たまに仕事で呼んでいただいた方から紙を渡されて、「これで歌ってくれないかな」と言われることがあるのですが、ただの政治や政治家の悪口であることが多く、残念ながらそれではなかなか歌にはなりません。

演歌は反体制的な内容のものが多いのですが、唖蝉坊・知道のように現代でも通じる――そういった歌を作っていけたらな、と思っています。

酒場の流しで鍛える

ぼくの歌を一番喜んでくれるのが敬老会や老人ホームなどのおじいちゃんやおばあちゃんたちです。亡くなった母方の祖父母が田端義夫や美空ひばりなどの歌謡曲が好きだったこともあって、その歌を聴いてぼくには古い歌のレパートリーが溜まり、高齢の人たちの懐かしい曲も数多く歌うことができます。歌詞カードがなくてもカンカラ三線で歌える演歌と古い歌謡曲のレパートリーは三百曲ほどになります。

岡晴夫の往年のヒット曲『憧れのハワイ航路』を歌って、「実はぼく、岡晴夫の孫なんです」と言うお約束のネタがあります。あるとき、大阪でそのジョークを飛ばしたら、会場のおじいさんに「岡は本名なの?」と聞かれました。「そうですよ」と返事をすると、「おかしいな、岡の本名は佐々木っていうんだけど……」。やられました! 実はその人は岡晴夫さんの後援会長をしていた方でした。それからは冗談を言うときは「冗談」と断るようになりました。

ぼくの仕事で一番厳しい現場が、酒場などでの流しです。流しというと、店から店へと渡り歩くのをイメージする人が多いでしょうが、じっと同じところで立って「曲を流す」こともそういいます。だれからも相手にされなかった路上ライブのころを忘れないよう、定期的に流しをしています。

東京・新宿にある定席「末廣亭」の隣にある「ホルモン横丁」では、経営されている「い志井グループ」の石井宏治会長からお声をかけていただき、二〇一〇年から毎週歌わせていただいています。引っくり返したビールケースの上に立って約一時間、ライブの数は、二〇二〇年末で四百五十回を超えました。

時には一日の稼ぎが数百円ということもある心が折れそうな場所です。でも、見る人は見ていてくれる。ここで気に入ってもらい、大きな仕事をいただいたこともたくさんあります。

流しでは酔客からチャチャを入れられることもしばしば。ただし、そういう人に限ってきちんと接していれば、必ずリクエストもしてくれます。経験を積んで、相手の無茶振りにも乗って、冗談で返す余裕も生まれてきました。たとえば「ＡＫＢ48の曲、なにか歌えないの？」と言われたら、「あきれたぼういず」の曲を歌います。といっても、「あきれたぼういず」を知っている人も少なく、ＡＫＢと「あき（ＡＫ）れたぼ（Ｂ）ういず」のつながりがいま一つ見えにくく、滑ることになるのですが。

あきれたぼういずは、美空ひばりを育てた川田義雄、コメディアンで鳴らした坊屋三郎、しゃれた踊りと演技の益田喜頓、そして坊屋の実弟芝利英が組んだヴォードヴィルグループです（のちに川田が脱退し、山茶花究が加入）。益田や芝が海外の喜劇人や俳優に名を似せているのが愛嬌です。

ぼくも先輩から伝説を教わった人ばかりで、彼らからいわゆる〝ボーイズ芸〟が始まったといわれるくらいのすごいメンバーのようです。しかし、いまの人で彼らのことを知っているのは、高齢の方かマニアックな方ではないかと思います。

ボーイズは演芸場よりキャバレーの仕事がメインで、キャバレーがなくなったいまは、三、四組しか残っていません。こうやって演芸のジャンルの灯がまた一つ、消えそうになっています。

「君はいったい演歌師か、フォーク歌手か、それとも芸人か」と尋ねられることがあります。ぼくの中では全部、奥底でつながっていて、どれも必要な要素です。そこで、いま一番の大きな課題は「現代に合った演歌とは何か」ということ。あちこちでお客さんと交わりながら、それを見つけていく作業なんだろうな、と思っています。

2――労働者の街で見たこと、学んだこと

安倍元首相との遭遇

安倍政権のことを「ビルになったそば屋」といった人がいます（辻田真佐憲、『朝日新聞』二〇一九年十一月二十二日）。そば屋で保守的なものを守り、二階以上は貸し部屋で新たな稼ぎを出す、という意味です。いつのころからか、どっちが本体か分からなくなった、ともその論者はいっています。うまいことをいうものだと思います。

安倍さんで典型的だと思うのは、敵か味方かの線引きです。秋葉原駅前の街頭で「安倍止めろ」と叫ぶ人たちに向かって「こんな人たちに負けるわけにはいかない」と言い返しました。敵も味方も含めて国民だ、という意識がないようです。

よく〝お友達政権〟と揶揄されましたが、そこにも仲間とそれ以外という線引きが現れているような気がします。身内になった者は手厚く取り扱い（森友・加計学園問題はそこに

根っこがあるように思います）、そうでない者には手厳しく対処する——そういう政権だったのではないでしょうか。

ずいぶんとネタにさせていただいた安倍さんに、一度だけ遭遇したことがあります。数年前、浅草の浅草寺本堂の東側にあたる二天門のところに黒くて大きな車が止まったと思ったら、SPに囲まれて長身の人物が下りてきました。安倍さんその人でした。あっという間に人だかりができました。テレビで安倍さんを見ていて「とらえどころのない人だ」と思っていたこともあり、一瞬「触ってみればなにか分かるのでは」という気持ちで手を差し出したところ、握り返してくれました。

感動も、感興も湧きませんでした。むしろ印象に残ったのは、ごく近くで見た安倍首相の能面のような無表情さです。テレビの謝罪会見で見た東京電力の勝俣恒久元会長にも表情がありませんでした。「うそをつき続けると面の皮が厚くなるのかぁ」と思いましたが、それが『ストトン節』の新しい歌詞になりました。

ストトンストトンとサル総理
見ザル聞かザル言わザルで
お面付けたと思ったら　厚くなってた面の皮

ストトン　ストトン

「無翼です」

ぼくは、政治風刺の演歌を歌っていることもあって、憲法集会や反原発集会などいわゆる「左翼」といわれる人たち（もちろんそうでない一般の人も）が集まる場で歌う機会が少なくありません。一方で、かつて新右翼といわれた「一水会」の鈴木邦男元代表に呼ばれて芸を披露したこともあります。党派にかかわらず、国会議員の前で歌うこともあります。そのため、「政治的にどちら側なのか」と聞かれます。

ぼくはどっちに立って歌っているという気持ちはないから、「岡大介は右翼でもなく左翼でもなく、無翼です」と言うようにしています。もともとこの言葉は添田知道が本の中で用いていたもので、おそらく庶民の怒りや嘆きに党派はない、ということだと思います。庶民の言うことに耳を傾けないなら、右も左も信用ならない、という意味です。

ぼくが庶民というと、「庶民ってだれだ」と混ぜっ返す人がいます。「大衆」という言葉もありますが、人が集まっているだけで、生活の匂いがしてきません。「市民」はどうでしょう。市民は服装からぱりっとしていて、朝食もパンにコーヒーの感じがします。

ぼくは銭湯の息子で、高卒で、二十五歳までカー用品店でアルバイトをしていました。

庶民以外のなにものでもないという気がします。「雑民（ざつみん）」の言葉もありますが、こっちが正道だと思うから、雑は謙遜（けんそん）のしすぎだと思います。プロレタリアートなどとなると、耳を素通りしてしまいます。

ということで、いまのところ「庶民」以外にいい言葉がない。左翼、右翼でいえば、庶民翼でしょうか。

争いごとが嫌い

そもそも性格的にも争いごとが嫌いで、昔から家族とも友人とも喧嘩（けんか）らしい喧嘩をしたことがありません。そういうこともあって、無翼が性分に合っているのです。よく「岡君はだれにでも好かれるね」と言われますが、もしかしたらそれが風刺をしても角の立たない一因かもしれません。

外見的にも敵を作らない顔をしているといわれます。ずっと童顔で、実年齢より十歳は若く見られることが多く、先生や先輩、同級生からかわいがられてきました。おばさまたちからも「学生服を着ていてもおかしくない」と言われますが、さてどうでしょう。

銭湯の息子として大きな声で言いたいのは、銭湯は天井が高く気分が晴れ晴れするのはもちろん、身体にいいし、若さを保つのにもいいということです。一人暮らしになって内（うち）

風呂ができても、習い性で銭湯に出かけます。旅先にいてもこれは変わりません。

全身を使って歌うのも身体にいい。それと、サッカーをやっていたころからいまでも欠かさずランニングを続けて体力づくりをしています。

歌い、走り、湯に浸かる――これでストレスなんか溜まらない。この三点セットはずっと続けていこうと思っています。

山谷と西成で

ぼくには、「この会場で歌いたい」という気持ちがありません。お客さんから「岡さんの歌って、五千人の前でも十人の前でも同じね」と言われたことがあります。演歌歌手であれば、新宿コマ劇場（現存しません）や明治座で座長となって一か月公演を打ち、名前を染め抜いた幟を上げたいとか、大晦日にNHKホールの舞台に立ちたい、できればトリを取りたい、というのが普通ではないでしょうか。かつて、浅草の芸人さんは有楽町の日劇（日本劇場。これも現存しません）に出るのが夢だったそうです。

ぼくは、歌う機会をいただけるのであれば、基本的にどこへでも行きますが、呼んでくれなければ、それも叶いません。

自分から伝手を探して歌いに行ったという点で異色なのは、東京・山谷と大阪・西成あいりん地区です。日雇いの人たちが暮らす、通称「ドヤ街」といわれている街です。
どちらも毎年八月に祭りが開かれ、「山谷夏祭り」は十五年ほど前から、ほかに最近では山谷にある中華料理店の「中福楼」や映画喫茶の「泪橋ホール」などで歌い、西成の「釜ヶ崎夏まつり」は約十年前から参加させてもらっています。もともとはフォーク歌手の岡林信康さんの『山谷ブルース』を聴いたのがきっかけで、どういうところか見てみたい、という好奇心から始まったことです。

ホームレス支援団体の人たちが隅田公園で行っている「隅田川医療相談会」（当時）を知人に紹介してもらい、二〇〇六年から二年ほど、炊き出しを待つ人たちの前でビールケースの上に立って歌い始めました。しんどい思いをしている人たちに自分の歌を聴いてもらい、少しでも喜んでほしいという気持ちでした。炊き出しに並ぶのは五十人ばかり。たしかに仕事にあぶれている人もいますが、ぼくにはプライドをもった人が多いような気がします。

歌ったのは歌謡曲を中心に二十曲ぐらいで、『ノンキ節』も混ぜました。当初は電線に止まったカラスであるかのようにぼくを無視。それでも毎週通ううち、手をたたいてくれる人がちらほら出てきました。その一人が通称「山谷の玉三郎」の玉ちゃんでした。どこの酒場にもいそうな陽気なおじさんで、初めて会ったときも酒気が回って赤い顔をしてい

山谷の夏祭り、2013 年ごろ

ました。玉ちゃんは炊き出しの手伝いをしていて、ぼくが歌っていたときに「いい声だね〜」と声をかけてくれて、それから仲良くなりました。

二年やって多少は信用がついたのか、主催者の方が推薦してくれて、山谷の夏祭りで歌うことができるようになりました。山谷の夏祭りは玉姫公園にブルーシートが敷かれ、ぼくは二トントラックの上で歌います。

会場に用意された六つの大きなポリバケツにウーロン茶と焼酎と氷が入っているけれど、明らかにアルコールが濃い。それをおっちゃんたちが豪快に柄杓ですくって紙コップで呑む。日が暮れてくるとともに、どこからともなく人が湧き出してくる。ちょっとビビッたぼくでした。

初めてのとき、何人かに野次を飛ばされたのですが、玉ちゃんはすかさず前に出てきて踊りを披露し、その人たちを黙らせてくれました。浴衣で女形に扮し、盆踊りで女踊りに余念がない。玉ちゃんは、祭りのあいだひときわ目立っていました。山谷に来る以前は大衆演劇の役者をやっていたといいます。

さすがに毎年同じころに顔を出しているうちに、楽しみにしてくれる人も出てきて、「今年はあれを歌ってくれ」とリクエストをいただくようにもなりました。それどころか、「俺にも歌わせろ」となじみのおっちゃんたちがステージに上がり込んでくるように

多田裕美子さんの『山谷ヤマの男』出版記念、
浅草「鈴楼」、2016 年 9 月

もなりました。
玉ちゃんはよく飲みに連れていってくれました。いつも明るく振る舞っていましたが、「今日の仕事はつらかった　あとは焼酎をあおるだけ」という『山谷ブルース』の哀愁をどこか感じさせる人でした。二〇一六年に六十六歳で山谷のホスピス「きぼうのいえ」で亡くなりました。ぼくは地方での仕事があったので、「町屋斎場」での葬儀には出られませんでした。百人ほどの参列者があったといいます。

ただ、翌月に山谷夏祭りがあり、会場に遺影が飾ってあったので、手を合わせることができました。追悼の意味を込めて、ぼくは玉ちゃんと初めて祭りでご一緒したときの『大利根月夜』を歌いました。玉ちゃんは酒を飲みながら、警察とやくざが組んで労働者を追い出そうとした事件があった、と話していました。それでも、玉ちゃんは絶対に自分の過去やふるさとのことなどには触れませんでした。

玉ちゃんと同じように仲良くさせていただいているのが、まもなく古希を迎える通称イシヤンです。二〇〇九年にぼくが浅草東洋館で歌ったあと、新仲見世商店街を通ると、ぼくを見つけて「岡ちゃ〜ん！」と大きな声で手を振ってくれました。一緒にいた芸人さんが何事かと驚いていました。当時、彼は浅草を中心に段ボールにくるまって寝ている路上生活者でした。ぼくの友人だと説明して、手を振り返しました。

あのころからずっとイシヤンの明るさは変わっていません。現在は支援団体のサポートもあり、生活保護を受けて山谷地区で楽しく暮らしています。

イシヤンは、ぼくのことをすごく盛り上げてくれます。路上生活をしていたときも歌をリクエストしてくれて、律儀に十円や五十円を対価として渡してくれました。

そういう彼らを見ていると、政治はもっと温かいものじゃなきゃだめだ、と思います。『山谷ブルース』でいうように、まちのビルも道路も彼らがいないとできなかったのだから。ここでは自然と歌に力が入ります。

頭に浮かぶ〝棄民〟という言葉

大阪・西成に行くようになったのは、山谷の獣医さんが西成の釜ヶ崎ともつながりがあり、西成の祭りの実行委員の山本さんを紹介してくれたからです。初出演のときは、ぼくのポスターを作ってくれて、会場となる三角（さんかく）公園のなかに張ってくれました。

西成の人たちは明るく、祭りではみんな「俺に歌わせろ！」と山谷の人以上に絡んできます。とにかくパワーがすごい。沖縄出身の人も多く、カンカラ三線だととくに盛り上がります。『ストトン節』で「ストトン、ストトン」と風刺すると、合いの手に「そのとーり！」と大きな声が飛んできます。

歌っている最中に目の前で喧嘩が起きたことがあります。当然、そっちに目が行くわけですが、「喧嘩じゃなく、こっち見て〜」と言って笑いに変えることができました。スタッフも慣れていて、すぐに止めに入ります。ここではハプニングが起きたときに、舞台上でなにをしたらいいのか、鍛えられた感じがします（ほかであまり使う機会がありませんが……）。

美輪明宏さんの『ヨイトマケの唄』を歌うと、一直線の鋭い野次が飛んできます。あとで言うには、「金持ちがあんな歌、歌って、嫌いじゃ」とのこと。「だから、これで歌うんです」とカンカラを見せると、「これなんや？　楽器か〜？」と笑っていました。

毎年、「すごい大ファンなのよ」と言ってくれるおばちゃんは、東京の独演会のチラシを渡すと決まって「ああこれね、去年見に行ってたわ」と言う。うそではあるけれど、そういう気遣いのうそは大好きです。

数年前、この地域の支援者の人から、「ここの人たちが原発の作業員として連れていかれ、知らない間に汚染されてしまうんや」とも教えてもらいました。電力会社は原発の保守点検などを下請けに任せ、その下請けの日雇いとして働いて全国の原発を渡り歩く〝原発ジプシー〟の存在が指摘されています。被ばく線量が規定を超えても、なかったことにするなどの措置がとられていたともいいます。社会のいびつさが底辺に集中する構図があるように思います。

路上で暮らす人や日銭を稼ぐ人たちに接していると、ふだん見ずにすませているものが、見えてくる気がします。〝棄民〟という言葉が自然と頭に浮かんできます。

コロナ禍で子どもや女性にも自殺者が増え、非正規雇用の人には突然の雇い止めが起きている。大きな歯車が軋みの音を上げて犠牲者を生み出している。そんな気がします。

原発のことや貧困や格差のこと、若いころは無関心だったぼくでも声を挙げていかないといけない、と自然に思うようになってきました。

ぼくを呼んでくれた山本さんが体調を崩し、亡くなる直前、入院する病院に会いに行きました。看護師さんに「息子や」と言いながらニヤッと笑っていました。身寄りのない人だったので、それでいい、と思い、うれしかったです。

東日本大震災のあとに

ぼくのふだんの活動と違うものを山谷、西成と挙げてきましたが、強烈なものとして東日本大震災を挙げないわけにはいかない気がします。今年（二〇二一年）で十年、もうそんなに経ったのか、という感慨が湧いてきます。

実は大きな被害のあった宮城県石巻市は震災前から縁のあった土地でした。

林幸治郎さん率いる大阪のチンドングループ「ちんどん通信社」と地元石巻の「北村大沢楽隊」という個性的な農民バンドは、レコードレーベル「オフノート」からCDを出しています。オフノートの神谷一義さんの企画で、二〇〇七年に石巻で両者が共演するイベントがあり、ぼくはその神谷さんに誘われてついていき、ライブ後の打ち上げで歌わせてもらいました。

会場のライブハウス「ラ・ストラーダ」は、相澤政洋さんがマスターで、常連さんたちと「寿寅多宣伝社」というチンドングループを結成し、そこでライブをやっていました。初めてお会いした相澤さんが「岡くん、今度一緒にライブをやろうよ」と声をかけてくれて、翌年から石巻に毎年訪れるようになりました。

人も自然も優しい東北の魅力に少しずつ惹かれていき、それからは仙台市周辺の祭りや飲み屋さんでのライブも増えていきました。

3・11（二〇一一年三月十一日）の日は、当時住んでいた都内のアパートにいて、石原慎太郎が都知事選に出馬するというテレビニュースを見ていました。よし出かけるかと思ったところに大きな揺れがやってきました。最初はバラバラと落ちるCDの棚を必死に押さえていたけれど、次第に揺れが強くなり、古いアパートだったので崩れるのではとガス栓を閉めてから貴重品とカンカラ三線を持ち、隣の部屋の劇団員である友人と一緒に外に飛び出しました。電信柱が信じられないくらい揺れていました。揺れが収まってから部屋に戻ると、床はびっしりCDで埋まっていました。翌日は大阪での昼のライブが決まっていて、深夜バスで行く予定でしたが、電車がストップしていて新宿まで出ることができません。主催者が新幹線代を出してくれるというので、その好意に甘えて翌朝、大阪に向かいました。

大阪のほうは東京での慌てようとは少し違っていました。阪神・淡路大震災のときは、それが反対だったのだろうな、と思いました。大阪・梅田（うめだ）のライブイベントで歌わせてもらい、泊まる予定の親戚（しんせき）宅でテレビを見て、津波被害の壮絶さや原発事故の推移を一心に見つめました。

海が燃えている映像にはぞっとしました。夜には雪が降って、現地の人は寒いだろうな、どうなってしまうんだろう、どうしたらいいんだろう、という焦りに似た思いが衝（つ）き上げてきます。すぐにも石巻の知り合いに連絡しようと思いましたが、テレビで「被災地のために連絡を控えてください」と報道していたので我慢しました。

東京に戻っても仕事がないので、先に触れた新宿・ホルモン横丁の石井会長に電話を入れ、系列店である大阪・難波（なんば）の「ええもん家（や）」でも歌わせてもらいました。

数日が経って、相澤さんとつながり、「石ノ森萬画館（いしのもりまんが）」（石巻市）の向かいにあった店は、流されてきた船が突き刺さっていて、壊滅的な被害を受けたといいます。それでも、寿寅多宣伝社のメンバーは無事だったと分かり、胸をなでおろしました。

相澤さんと話し合い、四月に出前ライブに出かけました。バスで仙台に向かい、仙台からメンバーのクルマに乗り石巻に着きました。ニュースで瓦礫（がれき）が散在すると言っていたのですが、瓦礫などではなく、まさに岩のような大きさのものが街のあちこちにあるのです。

寿寅多のメンバー五人と一緒に、避難所にあてられた体育館で、段ボールで仕切られた狭い通路を一列になって、流し歩きました。お昼ごろだったのですが、若い人が少なく、お年寄りや子どもが演奏を聴いてくれました。

ぼくが行ったときは、自衛隊の人が多く活動していました。

日和山（ひよりやま）（石巻市）というところで、自衛隊が設営した仮設風呂（ぶろ）を待つ人の前でも演奏しました。少しでも元気になってもらえるよう陽気な歌謡曲を選び、歌いました。

若い人は仕事で出ているので、避難所は年配の人が多く、演奏をとても喜んでくれたように思います。そのほかにも石巻市内の国道沿いの小さな鮮魚店の前などで一日三回、二日間歌って回りました。都合、五か所回りました。

寿寅多宣伝社の人におんぶに抱っこのライブでしたし、自分のやれたことなどたかが知れています。それでも、今回のコロナ禍でも感じたことですが、人間、困ったときにこそ不要不急のことに救われる部分があるのではないでしょうか。「歌を聴いて元気が出た」という人の顔を見ると、かえってこっちのことに気を遣ってくれているのが分かり、じんときました。「遠くからわざわざ来てくれた」とお礼を言われ、「これ、楽器？」とカンカラ三線はやはり人の気を引くようです。

メンバーの一人は実家が家財などすべて流されたものの、家の形だけが残っていました。そこに二人で立っていると、自衛隊員に声をかけられ、「この仏壇の身内ではないか」と尋ねられました。「いいえ違います。くれぐれもお気をつけください」と返事をしました。

心が痛んだのは、避難所の段ボールでの仕切りのこと。プライバシーも何もあったものではありません。女性の方など、つらい思いをされているのではないか、と思いました。そこから来るストレスは大変なものだったのではないでしょうか。

宮城県の銘酒蔵元「一ノ蔵」の酒蔵で歌ったときに、こんな話を聞きました。石巻の人は頑固者が多く、地震が来ても逃げ出さない可能性がある。おばあさんが知恵を働かせ、おじいさんの財布も持って逃げたら、そのあとをおじいさんが「俺の財布、返せ～」と追いかけて命拾いした、と。

何でも国を責めればいいとは思いませんが、福島第一原子力発電所の震災による事故を見ると、原発って何なんだ、という思いが強くなります。先に震災で歌ごころが動き、新しい歌詞ができたと書きましたが、そのときに作ったのは六曲です。

実は一枚目のCDを出して間もないときに、知り合いのミュージシャンから、女性のお客さんがぼくのことを次のように言っている、と伝えられました。

「岡君は政治批判を歌っているが、それをあまり理解しないでやっているように見える」

身に応えたご意見ですが、大震災のあとにやっと自分なりの風刺を歌うことができるようになり、多少はこの女性への返答ができたかな、と思っています。

あと、石巻には女川（おながわ）原発に関係して生計を立てる人も多く、単純に反原発をいえばいいのか、という問題があります。ぼくはそこで暮らす人の感情を大事にしたい、と思うので、そこでは別の風刺を歌うなど工夫をしています。

第三章

同世代の流行り歌にこころ動かず

ぼくが「演歌」にたどりつくまで

1——銭湯、バタヤン、スーダラ節

伝統には革新が必要

なぜぼくが明治・大正の演歌を歌うようになったのか、その経緯をお伝えしたいのですが、そのまえに、伝統と革新ということについて、ぼくの考えていることを書こうと思います。古い芸能事に関わっていると、自然とそういうことを考えるようになります。

よく「本家筋」「分家筋」という言い方をします。商売をやっていれば、本家筋は何かと規則が多く不便だといいます。家の格式を保つことが期待されるからです。それに比べて脇筋(分家筋)は自由にやれるから、商売がうまくいくのだとされます。

無形文化財に指定されると保存に国費が出るものの、規則、規則で大変だといいますが、それと似ているかもしれません。老舗で長く生き延びたところは、周りから期待される規範を破って、革新をくり返してきたところが多いのではないでしょうか。

ぼくが関心をもち始めたころには、演歌の灯は消えかかっていました。そこにぼくのような若年の者がひょっこり顔を出したものだから、みんな珍しがってくれたのだと思います。やっと引き継ぐ者が出てきたぞ、と秘かに思ってもらえたのかもしれません。

しかし、伝統だけでは食べていけないな、とぼくは思っています。歌詞一つとっても古く、ぼく自身が分からないことが多い。古典落語でも、いろんな言葉、状況が伝わりにくくなっていて、それをどこまで分かりやすく説明しながら、古典の匂いを保つかが課題になっていると聞いたことがあります。たとえば、落語の世界で熊さん八つぁんが暮らす長屋の「へっつい」も「かまど」も、とっくの昔に消えました。舟の「艫」に立って、船頭が「櫓」でついと岸を突いて、「舳先」を「吉原」に向けた……と言っても、意味が通じない。それをいちいち説明していたら、噺になりません。

それと似たようなことは、演歌にもあります。最小限の説明を加えて通りをよくし、しかも現代のこともいまの言葉で刺していく。それが演歌を生き延びさせるぼくの務めだろうと思っています。

古い流行歌に惹かれ

と、ずいぶん込み入った話をしましたが、ぼくは銭湯の息子。一九七八年八月十三日、東京都保谷市（現・西東京市）に父・利春、母・礼子の長男として生まれました。
家は「立野浴場」を営んでいました。一九九九年に廃業しましたが、ぼくが幼いころはとてもにぎわっていました。お客さんに交じって風呂に入ったり、番台で母に宿題を教えてもらったりしていました。常連のおじさんたちにもよく声をかけられました。なかには全身入れ墨の人もいて、「すごい！　触らせて」と言ったりしていました。裸になればみな平等。「いいよ」と気さくに応じてくれました。ぼくはよく「人懐っこくて、だれにでもかわいがられる」と言われるけれど、そういう育った銭湯の環境が大きかったのかもしれません。

ぼくは旅館だとか料理屋さんなども、似たような環境ではないかと思います。人の出入りが多くて、家族も他人も一緒になって同じ屋根の下にいる。そこから育つ人には、人懐っこい傾向が強いのではないでしょうか。

弟がいて二つ下、妹が四つ下です。僕はちょろちょろして目が離せなかったから、二人を出産するときには埼玉県鶴ヶ島市の母方の祖父母宅へ数か月預けられたこともあり、自然とじいちゃん子、ばあちゃん子になりました。

祖父はバタヤンこと田端義夫が大好きで、よく気持ちよさそうに歌っていました。ぼくのレパートリーにも『島の船唄』『かえり船』『大利根月夜』『玄海ブルース』があります。バタヤンは小さなエレキギターの胴の部分を極端に高く抱え、頭の部分をぐっと下に向けて弾きます。相当な貧乏を経験した人らしく、栄養失調から右目を失明しています。ギターは高価で買えず、バタヤンは自分でベニヤ板に線を引いて、それで練習したといいます。たしか忌野清志郎も自作ギターで練習したはずです。ぼくは後年、カンカラ三線を自分で作って歌ったときに、祖父が好きだったバタヤンのことを思い出しました。しかも、まだ縁があって、バタヤンがヒットさせた『十九の春』は、啞蟬坊の『ラッパ節』が原型といわれています。バタヤンが沖縄に行ったときに民謡化したこの歌を気に入り、それをレコード化したのですが、不思議な縁を感じます。

祖父は、コミックバンドの「ハナ肇とクレイジーキャッツ」の植木等さんに似ていたので、植木さんがテレビでヒット曲『スーダラ節』を歌うと、「じいちゃんが歌ってい る！」と喜んで、家族のまえできょうだいと踊っていました。ぼくの原点は『スーダラ節』ということで、寄席の出囃子で使用しています。

祖母は、美空ひばりをよく聴いていました。祖母は物忘れしたことを思い出したとき、よく「♪思い出した、思い出した、思い出した〜」という童謡のような歌を口ずさんでいました。のちに演歌を歌い始めたとき、これが人生で初めて聴いた演歌『思い出した』（作詞・添田知道、作曲・鳥取春陽）だったと分かったときは、ものすごくびっくりしました。

祖母は後年、祖父が亡くなって、実家で同居するようになりましたが、ぼくのフォークやカンカラ三線のライブによく足を運んでくれました。八十二歳で亡くなるまで、ぼくの一番のファンでいてくれたのです。初めて祖母の前で『思い出した』を歌ったとき、歌詞を最後まで聴いて「この歌は大好きだったけど、まさか風刺の歌だったとはね」と苦笑いしていました。

おじいちゃん子、おばあちゃん子だったぼくは、身の周りにあるそういう歌を自然と吸収していたのかもしれません。古い流行歌に惹(ひ)かれ、同世代とは違う音楽観をもつようになったのは、きっとそのせいではないでしょうか。高齢者施設でウケがいいのも、当然かもしれません。それも「演歌」に少なからずつながっていたのが、とても不思議です。

若者向けの音楽には興味なく

父は空手の指導者で、銭湯の脱衣場で教室を開いていたため、幼いころは兄弟で空手を習っていました。また、特撮の戦隊ヒーローでは一番活躍するリーダー役の「レッド」になりたかったことを覚えています。このころから目立ちたがり屋だったようで、衣裳(いしょう)に赤い法被(はっぴ)を選んだのも、元はそこにあったかもしれません。

次に影響を受けたのが、サッカーアニメ『キャプテン翼(つばさ)』です。主人公の翼や日向小次(ひゅうがこじ)

郎などのストライカーが派手に点を決める姿に憧れ、小学一年生からサッカーチームに入団。やがてプロのサッカー選手になることが夢になりました。本当にサッカー以外は興味がありませんでした。小学校の高学年ではリフティングが千回くらいできたし、調子がいいときは練習試合で、二十分で四点とったこともありました。その半面、勉強はすごく苦手でした。

音楽のほうは芳しくない成績でした。縦笛は吹けたけれど、鍵盤ハーモニカはうまく吹けない。小学校六年のときに日光への移動教室（修学旅行のようなものです）で『友よ』を練習し、キャンプファイヤーで歌いました。「暗い歌だな」としか思わなかったけれど、本格的に歌い始めてから〝フォークの神様〟岡林信康さんの曲だと気づいて驚きました。

中学に入ってからも勉強は全然だめ。学年の二クラスを合わせてブービーだったこともあるくらいです。三年生の学力テスト前の、忘れられない思い出があります。

弟は真面目に勉強するのに、ぼくは野球ゲームのできる缶ペンケースで一人盛り上がっていました。たまりかねた弟が母に言い付けると、母はぼくが野球ゲームの結果を付けたノートを見て激高し、それを銭湯の風呂釜に投げ込んでしまいました。おそらくわが息子の出来の悪さに悩んでいたときに起きた一件なので、堪忍袋の緒が切れたのでしょう。

中学の三年間ずっと担任だった太田里子先生は忘れられない恩師です。「爆笑問題」の太田光さんの担任もしたことがあるそうで、劣等生だったぼくを見捨てずに「この子は伸びる」と気にかけてくれました。サッカーに集中できる高校を探してくれたのも先生でした。国語の先生で、この本のことを知らせると驚き喜んでくれました。

中学生ともなると、音楽に目覚める人も多いと思いますが、ぼくは当時みんなが聴いていたような若者向けの音楽には興味がありませんでした。なにしろ古風な、おじいちゃん子、おばあちゃん子でしたから。

ただ、卒業式のあと、大勢でカラオケ店にくり込み、テレビで見て知っていたチェッカーズの『ギザギザハートの子守唄』を歌ったところ、みんなに絶賛されました。単純かもしれませんが、これで秘かに「自分は歌がうまいんだ」と自信をもつようになりました。そういえば、唖蟬坊も仲間に絶賛され、演歌を始めたそうです。

プロサッカー選手の夢、破れる

中学時代もサッカーに情熱を注ぎ、強豪校の都立東久留米高校（現・東久留米総合高校）のジュニアユースで頑張っていました。中学三年の一九九三年にJリーグが開幕し、先生はサッカー推薦のある高校も探してくれたのですが、普段何も言わない父が、「高校受験はしないとだめだ」と言い、都立の工業高校の機械科に進学しました。

しかし、座学はさっぱり。でも昔から工作が好きで、旋盤や溶接は得意でした。音楽はまったく興味なしで、バンドをやっている同級生を見ても、「ギターやっているやつは、チャラチャラして、かっこ悪い」と思っていました。

高校のサッカー部は地区予選で三、四回戦まで進めばいいくらいのレベルで、一年生からベンチ入りして二年生からレギュラーに。三年生のときはフリーキックやコーナーキックもやり、試合でハットトリックを決めたこともあります。

就職組が多いなか、本気でプロのサッカー選手になりたいと思っていました。だから、卒業後はアルバイトをしながら、プロを目指そうとしました。自宅近くのガソリンスタンドで仕事を始め、やがてカー用品店に移りました。ここの知り合いに紹介してもらって、埼玉県二部リーグのチームに参加し、さらに上のリーグに所属していたチームに呼ばれました。そのチームは、高校や大学の強豪校でやっていた選手ばかりが揃っていてレベルが高く、やっと試合に出られるかどうかでした。

必死にやっていたところ、プロのＪ２リーグやその下のＪＦＬリーグで戦力外になった選手が加入してきて、彼らと練習でボールを奪い合うのですが、まるで歯が立たない。このとき、「これじゃプロになれない」と十九歳でやっと気づき、「自分の人生は終わった」と初めて挫折を味わいました。

2——拓郎、なぎら、そして高田渡「演歌」へ

拓郎の寂しげな表情に惹かれ

サッカーの夢をあきらめたあとは、仕事の延長線上で車やバイクが好きだったこともあり、整備士の資格をとって、きちんと就職しようと思うようになりました。しかし、どうも気持ちが決まらない。そんなときに、吉田拓郎(よしだたくろう)の曲に出合ったのです。一九九八年、ぼくが二十歳のときです。

当時、まわりの友人は Mr.Children や GLAY などを聴いていたけれど、まったく興味がない。流行(はや)りのJ―POPにはこころを動かされることはありませんでした。

ある仕事休みの日。自宅の部屋の押し入れを掃除していたら、LPレコードがたくさん入っている段ボールを発見しました。もの珍しくて眺めていたら、そのうちの一枚が拓郎の『人間なんて』(一九七一年)でした。両親はフォークソングを聴いていたわけではな

く、母の妹と弟が好きだったようで、拓郎のほかに井上陽水の『氷の世界』や泉谷しげるの『春夏秋冬』、かぐや姫の『三階建の詩』などがありました。

ぼくが惹かれたのは、どこにでもありそうな階段に座る、拓郎の淋しげな表情。自宅の居間にほとんど使われていないレコードプレーヤーが置いてあったので、好奇心から針を落としてみました。それがまさか人生を変えることになるとは思いませんでした。

レコードにはA面とB面がありました。A面は『人間なんて』から始まり、次がカントリー調の『結婚しようよ』。『ある雨の日の情景』も胸に響きました。B面最後が『ふるさと』という曲。それまで、音楽にこころを動かされたことはなかったのに、すっかりまいってしまった。ほかの歌手のＬＰも聴いてみたけれど、拓郎ほど胸に響きませんでした。

いまでもこの『人間なんて』が一番好きなアルバムです。B面の最初に収録された『どうしてこんなに悲しいんだろう』。男の孤独と不安を歌っていますが、最後は前を向こうとする。そんな自分へのメッセージは拓郎の歌すべてに共通していると思います。

このアルバムを繰り返し聴くうち、「自分も拓郎と同じように弾き語りをしたい」という気持ちが自然と湧いてきました。家には叔父のガットギターがあり、拓郎の歌本を買ってきて、独学で練習を始めました。二か月くらい練習するうちに、何曲か通しで弾けるようになりました。今度は、だれかに歌を聴いてもらいたくなった。無謀にもギターを抱えて井の頭公園（東京都武蔵野市・三鷹市）に向かったのでした。

通りには、ずらりとアマチュアミュージシャンが並んで歌っていました。ぼくもみんなをまねてギターケースを空けたまま前に置き、拓郎の歌を歌ったら、おじさんが立ち止まり「若いのに拓郎、歌うんだぁ」と五百円玉を投げ入れてくれた。単純にもほどがありますが、これが自信となって「歌手で食べていきたい」と思うようになったのです。

デビューするならオリジナルが必要だと曲作りを始めると、すぐに五曲できました。ただどれも拓郎に似た曲ばかり。そこからは修業のつもりで五年間、アルバイトの休みには毎週街頭に出て、歌い続けました。ストリートで歌っていると、ブルースバンドの人たちなど、音楽関係の人脈が少しずつ広がっていきました。

だれも聴いていない路上で歌うのが一番大変なこと。ここから一人で日本武道館や五万人の集会で歌える度胸がつきました。

ライブデビュー

ちょうどそのころ、働いていたカー用品店に社員としてやってきたのが、平成のバンドブームを生み出したテレビ番組「三宅裕司のいかすバンド天国」に出場してプロデビューした「スイマーズ」の元ベーシストのキースこと和久田智人さん。「いま、路上で歌っているんですよ」と話したら、すぐに意気投合。フォークデュオを組んで、複数の歌い手をブッキングするジャズ喫茶に出ようということになりました。

一九九九年、「猫万（ねこまん）」（和久田さんが飼っていた猫の名前です）というデュオで「荻窪（おぎくぼ）グッドマン」に出演したのが、ライブハウスに出た最初でした。彼とは一年間、集中的に活動し、その後ぼくはソロになり、ゲストとして和久田さんに来ていただくようになりました。

路上で歌ううちに力がつき、レパートリーも増え、拓郎好きの中高年の方々など、少しずつ固定ファンも付いてきました。

そのころ、スカウトされたことがあります。渋谷の道玄坂（どうげんざか）が歩行者天国のときに歌っていたら、二人のおじさんが近寄ってきて、「キミ、いい声だね」といきなり三万円くれようとする。「これは、あやしいお金じゃないか」と受け取りを拒（こば）んだら、一人がもう片方のおじさんを指さして、「この人は大手事務所の社長だから大丈夫」と言いました。ぼくも知っている勢いのある事務所だったので、ぼくの連絡先を書いたチラシを渡したら、翌日その音楽事務所から連絡が来てオリジナル曲を全部録音することになったのです。

当時は「ゆず」のような男性二人組が次々とデビューしていました。ぼくもデュオとしてのデビューで、相方候補は音楽バラエティー番組に出ていた兄妹デュオのお兄さんでした。六本木のスタジオに行き、持ち歌三十曲を全部録音しました。「これはデビューできる」。そう期待していた矢先、スタッフから連絡が来て、「社長が脱税で捕まってしまった。申し訳ないけど、計画は白紙にせざるをえない」と告げられました。

その話をすると、ストリートの仲間はがっかりしていたけれど、自分は意外と切り替えが早いほう。そのときは、まだ先がいくらでもある、という気持ちでした。スカウトのことはやがてけろりと忘れ、また路上で歌うようになりました。

『日本フォーク私的大全』という宝物

そのころは、ストリートと並行して、ライブハウスにも一人で定期的に出演していました。少しずつ、『悩み多き者よ』の斉藤哲夫さんや南正人さんなどフォークシンガーの前座を任せられるようになりましたが、ブッキング要員としてお金を払うことに疑問を感じるようになりました。ブッキング要員というのは、メインの出演者に集客力がないときに、前座にチケット枚数のノルマを課して出演させることです。いってしまえば、自分の出演料を自分で出していることになります。

当時は拓郎に関することなら何でも調べ、吸収したいという思いが強かった。その音楽的ルーツを調べてボブ・ディランやウディ・ガスリーにたどりつき、ブルースシンガーのロバート・ジョンソンやジョン・リー・フッカーなども好きになりました。

本の中にひと言でも「拓郎」の文字があると、買わずにはいられない。そのなかの一冊が、なぎら健壱さんの『日本フォーク私的大全』（ちくま文庫、以下『フォーク大全』）でした。

この本は、なぎらさん本人を抜かすと、彼と仲のよいフォーク歌手やグループ計十五組を紹介したエッセイ形式のものです。それぞれ抱腹絶倒のエピソードがちりばめられており、なぎらさん自身がフォークマニアのため、アーティストや楽曲の魅力の秘密が垣間見えるような本です。読んでいるうちに拓郎以外の歌い手にも興味が湧いてきて、「この文庫本にわずかでも名前が出てくる人のサインをもらっていこう」と思い付きました。

浅川マキさんや中島らもさんにも、ライブに出かけてサインをもらいました。遠藤賢司さんや友部正人さんのときは何時間も出待ちをしました。忌野清志郎さんは『ブーアの森』（文・せがわきり、絵・忌野清志郎）という絵本を出されたときに書店でサイン会があったので、絵本とともに『フォーク大全』にサインをもらおうとしたら係員に止められてしまった。あきらめきれずに「また会いにきます」と伝えたら、真面目な顔でひと言、「フォークですか……」。結局、本にはサインをもらえずに終わってしまいました。

『教訓Ｉ』の加川良さんにサインをねだったときは、「ああ、なぎらのこれね。ウソばっか」と言われて苦笑いするしかありませんでした。

いまは亡くなられた人も多くなりましたが、全部で二百人以上の方にサインしていただきました。その数だけ新しい歌や音楽や芸能に触れられ、確実にいまの自分の糧となっているると感じています。彼らの曲をカバーするうえではもちろん、自分でオリジナル曲を作るときにも影響があるように思います。この『フォーク大全』は、持ち歩いているうちにボロボロになってしまいましたが、自分のなかでは一番の「宝物」です。

人生でだれと出会うかはとても大切なことですが、それに劣らず、ぼくにとっては「もの」との出合いがすごく重要でした。拓郎のレコード、『フォーク大全』、そして、カンカラ三線。いまの岡大介のほとんどがここにあります。

なぎら健壱さんとの出会い

『フォーク大全』にサインをもらい始めたころ、当時ぼくとデュオを組んでいた和久田さんからなぎらさんのライブに誘われました。拓郎以外のライブに行くのは初めてのことでした。

なぎらさんの曲の基調はカントリー&ウエスタン。みんないい曲で、軽やかな歌声も好みで、一気にファンになりました。CDと『フォーク大全』にサインをいただこうとしたら、「すごいな、こういう使い方もあったのか」と感心していました。「ずいぶん古い本だけど、こんなの好きなの?」と聞かれ、「拓郎が好きで、自分でも歌ってます」と答えた

使いこんでボロボロになった『日本フォーク私的大全』

ら、ニヤッとして「あいつは悪いやつだよ」と冗談交じりに言ってくれました。
すぐになぎらさんのアルバム『万年床』（一九七二年）、『街の風になって』（一九七四年）を購入し、『ガソリンとマッチ』などの歌詞やコードをノートに書き写し、路上で歌うようになりました。実はその中の一曲が『東京節』でした。

東京の中枢は丸の内　日比谷公園両議院
いきな構えの帝劇に　いかめし館は警視庁
諸官庁ズラリ馬場先門　海上ビルディング東京駅
ポッポと出る汽車どこへ行く
ラメチャンタラギッチョンチョンデパイノパイノパイ
パリコトパナナデ　フライフライフライ

当初はこの曲が添田知道の作った演歌だとは気づきませんでした。というのは、「詞・添田さつき、なぎらけんいち、曲・アメリカ民謡」と書いてあって、その「さつき」が知道のことだとは知らなかったのです。てっきり、女性の名だと思っていました。それに、「パイノパイノパイ」という囃子言葉を春歌のような「恥ずかしいもの」と勘違いしてい

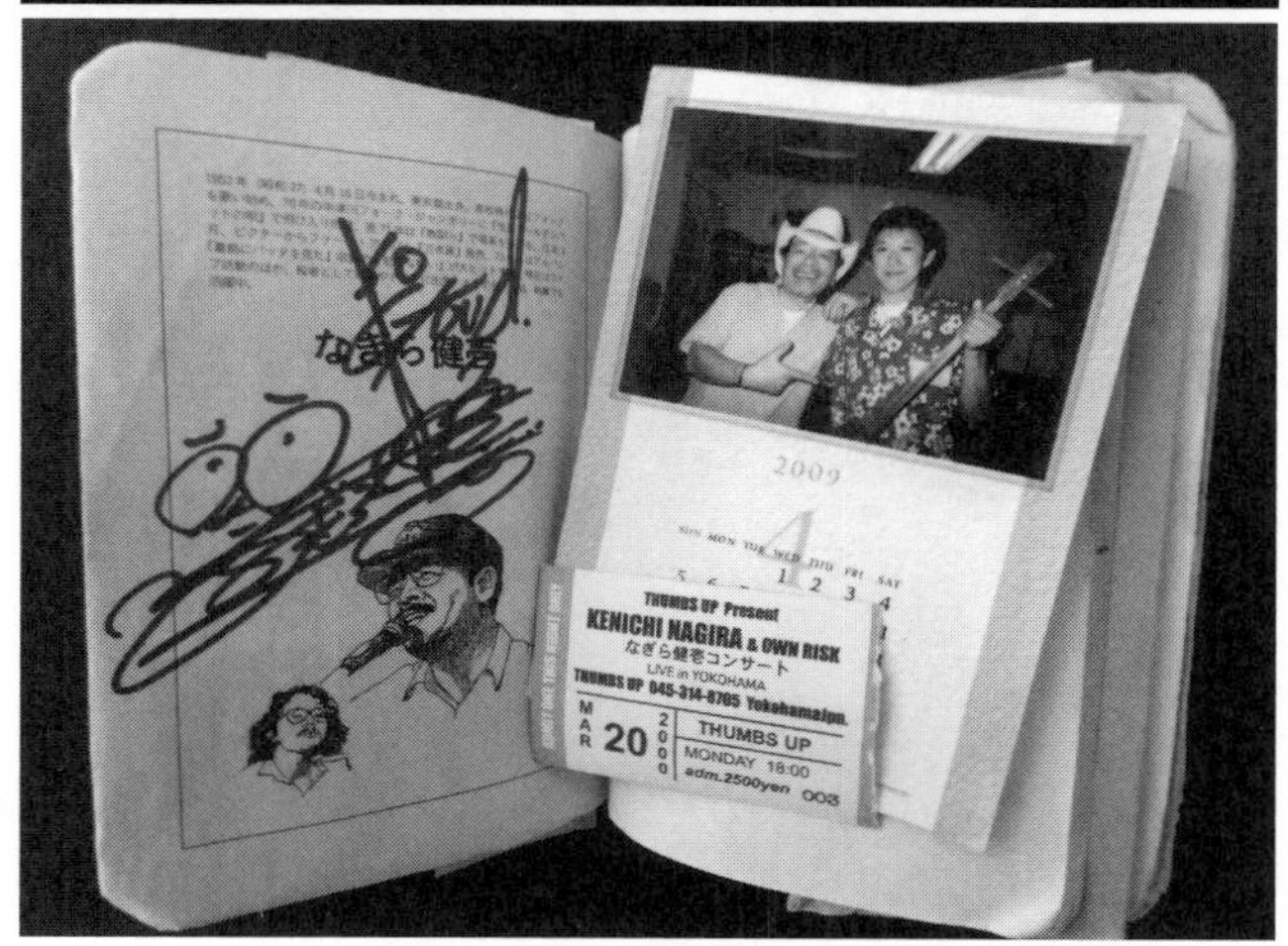

『日本フォーク私的大全』には岡林信康さん（上）やなぎら健壱さん（下）など、多くのサインが。チケットなどの記念品も挟みこんでいる

ました。ところが、そのあとの歌詞には辛辣な風刺が込められています。

東京にも裏には裏がある　鳥も通わぬ島と言うが
お天道様も陰見せぬ　暗くて臭くて穴のような
犬の小屋かと思ったら　どういたしまして人間が
住んでおります生きてます

その〝毒〟の効いた歌詞を非常に面白く感じました。ただ、その時点ではカバー曲の一つにすぎず、ステージでこんなにも毎回歌うようになるとは思っていませんでした。

武蔵野市のライブハウス「マンダラⅡ」で毎月最終土曜日にやっていたなぎらさんの定期ライブに、三年ほど欠かさず通い続けました。ぼくはほかのファンよりダントツに若かったので目立っており、常連さんとも仲良くなっていきました。終演後のファンも加わる打ち上げは、緊張するため参加しませんでした。

あるとき、フォークソングではよく使うカーターファミリー・ピッキング奏法が分からなかったので、そのことを仲良くなった常連さんに話すと、「なぎらさんに聞いてみたら。きっと喜ぶよ」と背中を押してくれました。思い切って打ち上げで声をかけると、な

なぎら健壱さんと。「高田渡生誕会 60」（武蔵野市民文化会館）、2009 年 4 月 4 日

ぎらさんはわざわざしまったギターを出して、丁寧に弾き方を教えてくれました。

ぼくが結婚したあと、妻と和久田さんと友人の四人でなぎらさんのライブに行きました。前日に電話すると、「紹介するから一曲歌ってよ」とのこと。実際にステージに呼ばれ歌ったときには、感慨無量でした。憧れで見ていた舞台でしたから、「やっとここに立てた！」との思いがこみ上げてきました。

神奈川近代文学館「添田唖蟬坊・知道展」（二〇一三年）のイベントで、なぎらさんの楽屋に初めておじゃましたとき、ブツブツと独り言を言いながら、曲目とトークを考えていました。ここからあの爆笑の舞台が生まれているのかと学びました。

その後もCDのライナーを書いていただいたり、新聞でぼくのことを紹介してくださったり、いろいろとお世話になりました。ぼくにとって特別な存在です。

高田渡さんとの出会い

演歌のことを教えてくれた高田渡さんの存在も、『フォーク大全』で知りました。

二〇〇〇年に六本木のライブハウスで渡さんや大塚まさじさん、なぎらさんなどが出演したフォークイベントで、初めて渡さんのステージを見ることができました。当時は五十歳くらいでしたが、どう見ても七十歳過ぎに見える。トリで出てきて、お客さんからビールを受け取ってひと口飲み、ぼそぼそと話し始めます。最初に『仕事さがし』を歌いましたが、そのときは渡さんの枯れた魅力に気づくことができず、どれも同じ曲に聴こえました。ただ、渡さんを見るお客さんの目はうっとりとしていて、最後のアンコールで登場した全アーティストも、みんな渡さんが好きなことが伝わってきました。

なんでそこまでみんな、あの人が好きなんだろうという興味が湧いてきて、アルバムを買ったり、ライブに足を運ぶようになり、いわゆる「沼」にはまることに。彼の歌う曲のなかでも、世の中を醒めた目で見つめる『あきらめ節』が好きになりました。

お前この世へ何しにきたか　税や利息を払うため
こんな浮世へ生まれてきたが　わが身の不運とあきらめる
長いものに巻かれてしまえ　泣く子と資本家にゃ勝たれない
貧乏は不運で病気は不幸　時よ時節とあきらめる
あきらめなされよあきらめなされ　あきらめなさるが無事であろ
私しゃ自由の動物だから　あきらめきれぬとあきらめる

渡さんの代表曲『自転車にのって』も気に入りました。「チリリンリンとやってくるは自転車のりの時間借り」というまるで古びたレコードを聴いているようなバイオリン演歌『ハイカラ節』で始まるユニークな曲です。その頭の部分をだれが作詞・作曲したのかアルバムには書いていなかったので、渡さんに直接聞こうと思いました。

渡さんは平日の昼ごろ、吉祥寺（きちじょうじ）（東京都武蔵野市）の焼き鳥屋「いせや」に三輪自転車でやってきて、屋外のカウンターで立ち飲みしていました。それを知っていたので、ぼくも出かけました。自分からは話しかけられずにいたら、ギターを背負っているのを見た常連さんが気を遣って、助け舟を出してくれました。そこで思い切って、

「『自転車にのって』の最初に入っているのは、元はだれが歌っている曲なんですか？」

と尋ねたら、チビリと酒を飲みながら、

「あれは演歌師が歌っている『ハイカラ節』という演歌だ」

と教えてくれました。あとで分かったのですが、もとは『ハイカラ節』（ハイカラソング）といい、渡さんは替え歌の『自転車節』を歌っていたということです。

「演歌？　こぶしを回すやつですか」

と言うと、ちょうど運悪くご機嫌斜めのときで、

演歌を教えてくれた高田渡さんと。「いせや本店」前、2002 年 8 月

「違うよ！　演説歌だよ！　君はそんなことも知らないのか」
と怒られてしまいました。このやりとりが、本当の演歌が何かをはっきりと意識するきっかけになりました。

また、別の日に渡さんのレコードを持って行って「これは何と読むんですか」と尋ねたら、この日は上機嫌で「これは添田啞蟬坊という演歌師なんだよ」と優しく教えてくれました。そして、耳元でぼそりと「ただね、演歌は難しいよ……」。

このときは、渡さんの言葉を重く受けとめたわけではありませんでしたが、渡さんの死後、だんだんとその意味を痛感するようになりました。

ぼくが渡さんの追悼として作ったのが『ホロホロ節』。亡くなる三か月前、「いせや」の常連さんが渡さんの首のうしろにコブができたと心配していました。渡さんはひと言、「死んだら、棺桶に酒をついでくれればいいんだよ」と返していました。

追悼ソングはバラードより、渡さんらしいにぎやかな酒飲みソングにしたいと思い、歌詞にその渡さんのひと言と「渡る人生大博打」というフレーズを組み込みました。二〇〇九年四月四日の「高田渡生誕会60（かんれき）」に出演させていただき、なぎらさんの司会でこの歌を披露できたことはすごくよかったと思っています。

渡さんはＮＨＫの番組で、啞蟬坊の演歌を知ったとき、「アメリカのブルースが流行る五十年以上も前に、日本には庶民の叫びを歌うこんなにすばらしい歌があったのかと素直に感動した」と語っていました。

最後の演歌師、桜井敏雄

渡さんから『ハイカラ節』について聞いてすぐのこと。早稲田の「JERRY JEFF」（二〇〇七年に閉店）で出会い、ライブによく来てくれるおじさんの引っ越しを手伝ったときに、白髪で羽織袴のおじいさんがバイオリンを持っているCDが目に留まりました。見たことのないようなモノクロの写真がかっこよかった。そのおじいさんが「最後の演歌師」と呼ばれた桜井敏雄さんで、なぎらさんプロデュースのアルバム『ザ・ヴァイオリン演歌』のCDでした。ダビングしてあったカセットテープを手伝いのお礼にもらい、コピーしてもらったライナーの解説を読みながら聴くうちに、「これが渡さんの言っていた演歌か！」と、それまでの数々の疑問やなぞが解けました。

桜井さんが歌う『東京節』や『ノンキ節』などは、いまのJ－POPなどにはないまっすぐ歌う感じが新鮮で、軽快な詞の面白さにも惹かれました。

歌とバイオリンのユニゾンでの弾き語りは、それまで聴いていたフォークロックとはまったく違い、「古い曲でこんなに〝新しい歌〟があるのか」と衝撃を受けました。ぼくが人とは違うものが好きなひねくれ者だということは、前のところで書きました。だからこのときも、だれも気づいていない大事なものを自分で見つけたという思いでした。

ぼくにとって桜井さんの演歌は、若い人がブルースのロバート・ジョンソンのギターがかっこいいというのと同じです。桜井さんの演歌は哀愁があって、押しつけがましくなく、懐かしいけど粋で新しく響きました。間違いなく彼のバイオリン演歌を聴いていなければ、カンカラ三線も〝発見〟できなかったと思います。いまでは明治の無伴奏の演歌にこだわっていますが、先にバイオリン演歌を知ることができたのは大きな収穫でした。

歌と歌との合間に桜井さんの語りが入っていて、バイオリン流しの思い出も語っていたので、少しずつ演歌のことが分かってきました。

その後、仲の良かったブルースバンドのメンバーが「岡君はこんなのが合っているのでは」と『書生節』のSP音源を集めたCD『街角のうた　書生節の世界』をくれました。そこに入っていた『ノンキ節』を歌いたいと思いましたが、ギターの演奏がしっくりこない。なぎらさんに聞いたところ、「昔の演歌はコード進行がおかしいんだよ」とおっしゃる。考えてみれば、もともと三味線調の曲だから、ギターに合わなかったのです。

3―― 演歌はかっこいい

「そんな古い歌、知らないよ」

ぼくは勉強が苦手なわりに、どういうわけか、むかしから記憶力がよかった。小学生のときはクラスの二十人くらいの友人の電話番号と誕生日をすべて覚えていました。路上で歌うようになってからも、顔を上げて歌うために全部の歌詞を暗記しました。歌詞カードを見て歌うと、ただの練習に間違われると思ったからです。

むかしの歌謡曲やフォークソングはストーリー性があって覚えやすいという利点があります。頭のなかで風景や人を思い浮かべながら覚えることができます。どんな歌も一時間もあれば、すべて歌詞を覚えて歌うことができます。演歌の『金々節（かねかねぶし）』は二十一番あるのですが、四曲のつもりで覚えました。

二〇〇一年ころはまだカー用品店でアルバイトを続けていましたが、とにかく歌う場所が欲しくて、バイト先の社員の奥さんの紹介で、ギターとカンカラ三線を持って老人ホームを毎月慰問するようになりました。美輪明宏『ヨイトマケの唄』や美空ひばり『港町十三番地』をリクエストされて、次回までに覚えて披露すると、とても喜んでくれるのがうれしかった。そこに二年ほど通いましたが、これでずいぶん持ち歌が増えました。

あるとき、その慰問先で『スカラーソング』を歌ったあと、百歳のおじいちゃんが突如立ち上がり、「君、よく知っているな！　これは神長瞭月の歌だが、ここの若い人たちはそんな古い歌、知らないよ」と感心しながら話しかけてきました。ここでいう「若い人」とはほかのお年寄りの入所者のことなのですが。

そして、「これも神長瞭月だ。♪一かけ、二かけ、三かけて〜」と『一かけ節』の歌を歌い始めた。「あっ、そうなんですか。それもいけます」とすぐに歌ったら、すごい喜びよう。職員さんが、「あの人があんなに喜ぶのは初めて見た」と教えてくれました。当時の演歌を少しでも知っている人に聴いてもらえたことは、演歌師冥利に尽きます。

七〇年代フォークから離れ

当時はまだメジャーデビューをあきらめておらず、フォーク調のオリジナルソングも歌っていました。そんなとき、また音楽関係者から声がかかりました。西荻窪（東京都杉並区）にジャズのライブなどを行うバー「CLOPCLOP（クラップクラップ）」があって、そこのマスターが、店の常連で人気歌手のエンジニアをしている方を紹介してくれました。その方は大手レコード会社から独立して音楽事務所を立ち上げた人とつながりがあり、その事務所がデビューできそうな若手を探しているというのです。

当時のオリジナル五十曲をその店ですべて録音しました。そのなかからデビュー曲を探そうとしたわけです。しかし、そのエンジニアから「お前の歌はむかしの物まねばかりだ」と酷評されました。たとえば『男唄』という曲には「一人飲み干す茶碗酒（ちゃわんざけ）」という歌詞があるのですが、「お前は家で茶碗酒なんて飲まないだろう。いま伝わる曲を書かなきゃだめだ」と指摘されました。

当時はフォークで使う古めかしい表現に魅力を感じていたけれど、その助言に納得して作ったのが、いまも歌っている『東京』です。その方から一週間に一曲作るよう言われたのですが、詞を溜（た）めていたので、すぐに曲を作り、録音しました。この曲は二十四時間寝ずに飲んだ記念の青春ソング。東京出身以外の人が作る「東京」には、孤独な思いなどを歌ったものが多いように思いますが、これは東京の前向きな部分を歌ったつもりです。

架空の茶碗酒から離れて、ようやくエンジニアの方に認めていただいた曲です。

午前零時の街並みは赤い灯青い灯ネオンサインが
最終電車に乗り遅れ一人たたずむ路地裏に
怒鳴りつけられて傷ついて争う気持ちも無いままに
缶ビールを飲み干せば明日(あした)は何かが変わるかと
大通りへ飛ばされりゃ少しは痛みがわかるだろう
戻りたい戻れない何処(どこ)まで続く華の都
通りを抜けて風まかせ寄せては返す人並みを
誓いの場所へ急ぐのさ　朝日拝んだビルの屋根
朝日拝んだビルの屋根

バンドが付いて録音を重ねましたが、レコーディングのときに「声はいいけど、まっすぐに歌う歌い方が単調に聴こえる」との指摘を受けました。一年間レコーディングを続けたけれど、最後までOKが出ず、「これでは出せない」と言われてデビューは立ち消えとなってしまいました。責任は、もちろん指摘をうまく理解できなかったぼくにあります。

しかし、早々とデビューできたとしても、すぐに売れなくなった可能性が高いと思っています。先のエンジニアも、「細い木に葉や花や実をつけデビューさせるのは簡単だが、すぐ折れてしまう。おまえは太い幹になれ」と言ってくれました。

結果として、声をまっすぐに出す演歌が、ぼくには合っていたようです。といっても、これでメジャーなプロの世界とは縁が切れるという深い挫折感がありました。

その後、本格的に演歌の道を追求するようになり、多少なりとも食べられるようになり、まして多くの人と貴重な出会いを経験できたことを思えば、途中でうまくいかなかったことが逆に幸いしたのかもしれないと思うようになりました。

デビューは立ち消えになりましたが、『東京』はオリジナルソングの代表曲として、いまも大切に歌い続けています。

初めてのアルバム

二〇〇六年に大きな転機が訪れました。詳細は後述（第四章）しますが、二胡（にこ）という中国の楽器を演奏する小林寛明（こばやしひろあき）君と出会ったのです。

カンカラと歌だけだとやや単調な感じですが、小林君が合わせてくれることで音楽になった気がしました。ライブも非常に手応えがあり、意気投合し、「二人でCDデビューしよう」と誓い合いました。

そして、二〇〇八年、ファーストアルバム『かんからそんぐ』を「オフノート」レーベルから出しました。

このアルバムは小林君の二胡のほかにチューバやトロンボーン、クラリネット、トランペット、アコーディオンなど多くの楽器を入れており、楽隊風のにぎやかな一枚です。唖蟬坊・知道の代表曲が揃い、ぼくの名刺代わりの一枚となっています。

唖蟬坊は新聞、テレビで取り上げられることがあり、ぼくが出たNHK「知る楽」も実は唖蟬坊特集の一環で、小沢昭一（おざわしょういち）さんが番組内で解説をなさっていました。

ファーストアルバムの発売がきっかけでぼくの知名度も上がり、歌う場が格段に増えました。これまで出したアルバムのなかでも一番売れており、いまでもいろいろな人に手にとってもらえている作品です。ただ、知識的にも技量的にも未熟すぎて、いま聴くと気になるところが多い。いつか歌を全部録り直したい。そう思っています。

二胡の小林君との出会い

小林君との出会いがなければ、いまの自分はないと断言できます。

小林君は音楽の人脈が広く、どんな曲にも合わせる技術と柔軟性を兼ねそなえており、舞台上のトークも巧みでした。台湾の楽器で二胡にラッパのついた珍しい「喇叭二胡（らっぱあふう）」の使い手でもあり、カンカラ三線での演歌との相性は見た目にも、音的にもぴったりで、インパクトがありました。

いまでこそ経験を積み、一人で舞台をこなし、トークで笑いもとれるようになりましたが、当時は空回りしがちで、それを小林君はうまくフォローしてくれ、笑いに変えてくれるのです。このころ、一人でCDを出す自信がなく、精神的なよりどころでもありました。

ぼくは感謝の気持ちから「二人の名義でリリースしよう」ともちかけましたが、ぼく自身、本心では「自分こそが主役」と思っているところがありました。ぼくは何でも早く決めたいせっかちなタイプ、一方、小林君はじっくり時間をかけてよい作品を作りたいと考えるタイプ。いろいろと行き違いが発生します。それに、ぼくが東京で小林君が当時大阪で遠距離だったこともあり、相談すべきだったサウンド面やサポートの楽器編成は全部、ぼくが勝手に決めてしまいました。

しばらくして話し合って、二枚目でコンビを解消することに決めました。小林君は「コンビは嫌やけどサポートはいつでもやる」と言ってくれました。同い年なのに大人だった小林君はのちに「岡の〝暴走〟はもうあきらめていた」と語っていました。彼との別れは大きな痛手でしたが、結果的に一人で活動していく覚悟を決め、トークを磨くきっかけにもなりました。

その後も歌に寄り添ってくれる小林君の二胡の存在は欠かせないことを実感し、アルバム二枚にもサポートで参加してもらいました。

木馬亭独演会十周年では七年ぶりに共演しました（木馬亭は、台東区浅草にある浪曲の定席です）。「歌も内容も断然によくなってて、しっかり続けてたんやなぁ」と言われたときは、素直にうれしかった。

現代詩人・有馬敲さんとの出会い

次に出したアルバムが『かんからそんぐⅡ～詩人・有馬敲をうたう』（二〇一〇年）です。有馬さんは京都府出身・在住の現代詩人で、一九三一年生まれ。高石ともやさんや岡林信康さんらフォークシンガーとの交流も積極的にされてきた方で、高田渡さんの代表曲の一つ『値上げ』の作者としても広く知られています。また、『替歌・戯歌研究』（KTC中央出版）などの本も出されており、演歌についても詳しい方です。

ぼくは二〇〇九年にゴールデン街でのオフノートのフォークイベントで歌わせてもらったとき、初めて有馬さんに会いました。そのときは親近感の湧く、優しいおじいちゃんという印象でした。打ち上げのとき、「君の年齢でよく唖蟬坊に興味をもったね」と言ってくれ、若いころの渡さんとの交流についても語ってくれました。

有馬さんの詩は多くのフォークシンガーが取り上げていますが、渡さんが歌ったものは

二胡の小林君と。木馬亭、2018年9月30日

『値上げ』『転身=百八十度回転』『年輪・歯車』（有馬敲『年輪』と山之口貘『歯車』の詩をつなぎ合わせたもの）と、啞蟬坊につながる風刺を感じさせる名曲ぞろい。

そこで「有馬さんの曲を集めたアルバムはないんですか」と聞いてみたら、思いもしないことを聞かれたという顔で、「それがないんだよ」という答え。そのときに、ぼくがやるべきだと思いました。「ぜひやらせてください」と言うと、有馬さんはとても喜んでくれ、その場にオフノートの神谷さんもいたことで話がトントン拍子に進みました。

渡さんや岩井さんらが作られた歌のほかに、「自分でも有馬さんの詩に新しく曲をつけたい」とお願いしたら、過去の詩集とともに、書き下ろしの詩を送ってくださいました。そして、前作と同じような楽器編成で、『かんからそんぐ』の続編として作りました。

十六曲中、自分で曲をつけたのが五曲。ブルース調の『歌』は「政治とかジャーナリストのことをうだうだ言うより自分の言葉をもちなさい」というメッセージソングで、いまこそ聴いてほしい歌です。陽気な『禁煙節』は「たばこを吸ってもろくなことがない」と禁煙をすすめるシニカルな世界観の曲。アルバムが仕上がるギリギリに詩が届いたのですが、読んですぐメロディーが浮かび、なんとか録音に間に合って入れた歌です。このほかに自分で作詞作曲したものも二曲入れています。

有馬さんの詩の特徴は啞蟬坊よりどぎつくなく、柔らかいながら、しっかりと風刺がこ

有馬敲さん（中央）、高田渡さんの兄・高田烈さん（左）と。両国フォークロアセンター、2010年

もっていること。言葉が現代的である分だけ、事前の説明なしでも現在の若い人にもしっかり伝わります。有馬さんの詩に触れたことで、『ストトン節』や『ああわからない』などで新しい詞を作るときのコツをつかみました。

恩師・土取利行さんとの出会い

添田啞蟬坊・知道親子の演歌を研究している音楽家の土取利行さんには、二〇一一年に初めてお会いし、演歌を続けていくなかで大きな影響を受けた恩師です。

土取さんは前衛ジャズのドラマーとして、坂本龍一さんや近藤等則さんと組んで音楽活動をしていました。サヌカイト（讃岐岩）を用いた古代音楽や縄文鼓など多様なジャンルの音楽に取り組み、イギリスの舞台演出家ピーター・ブルックの国際演劇創造センターの音楽なども手がけてきました。

二〇〇八年に亡くなった伴侶の三味線弾き唄い・語り奏者の桃山晴衣さんは、平安時代末期の歌謡集『梁塵秘抄』の蘇生をライフワークにするなど日本の音楽を追究してきた方です。二人は一九八七年に岐阜県の郡上八幡町（現・郡上市）に音楽の拠点「立光学舎」を作りました。

桃山さんは一九七四年から添田知道さんのもとに通い、最後の弟子として演歌を習ったそうです。二〇一〇年に土取さんが桃山さんの遺した音楽資料を初めて整理したところ、知道さんから譲り受けた文献や音源などがたくさん出てきました。

土取さんは、あらためて遺されたものを確認したことで、演歌は日本の音楽の宝の一つだと思い直し、自ら研究し始めた、とあとからお聞きしました。

桃山さんは、演歌は男の歌だとおっしゃっていて、若い歌い手を常に探していたそうです。その遺志を受けて、土取さんもだれかいないかと探し始めたときに、ラジオやユーチューブなどでぼくの存在を知ったとのことです。声がまっすぐで、カンカラ三線を使っているのも気に入られたようです。

二〇一一年五月に立光学舎のスタッフの井上さんから、

「郡上八幡まで来て、歌える演歌を全部歌ってもらえますか」

という依頼が来ました。これはいままでのライブの依頼とはちょっと違うなと思いました。そのときは土取さんのことは存じ上げなくて、桃山さんについては名前だけは知っているくらいでした。

たどり着いた立光学舎は古風で、道場のような建物でした。引き戸の玄関から出てきた仙人のような和装の男性が土取さんでした。「遠かったでしょう」とにこやかに迎えられましたが、一目見た瞬間、これはただ者ではないと緊張が走りました。建物のなかは板張りの二十畳くらいのスペースで、そこで用意してくださっていた昼食をいただきました。土取さんと二人きりになり、「なぜ唖蝉坊を歌っているのか」と聞かれ、高田渡さんやカンカラ三線のことなどを話しました。土取さんからも、桃山さんと知道さんの交流の話が出ました。土取さんは演歌を研究していることもあり、非常にくわしい。一つ質問すると一時間くらい解説が続きます。その間、ずっと正座しながら聴いていました。

ぼくなりに演歌や唖蝉坊について知っていたつもりでしたが、相当に奥深い話を教えていただき、とにかく驚きの連続でした。演歌というと、袴姿のおじさんがバイオリンを奏で、がなりながら歌うイメージですが、唖蝉坊演歌は透き通る、まっすぐな歌だったといいます。もう一つ印象に残ったのは、「唖蝉坊の演歌はみんな無伴奏」ということです。結局、五時間近く話し続けるうちに、師弟のような思いさえ抱くようになりました。

ぼくにはなぜか途中から、土取さんの顔が女性のように思えてきました。いま思えば、桃山さんが乗り移って、ぼくにいろいろと教えてくれたのではないかと思っています。

翌日は朝六時に起きて、井上さんとともに会場を箒や雑巾、はたきで掃除して気持ちを整えました。昼過ぎからのライブには約四十人が集まり、そのなかには俳優の近藤正臣さんもいました。土取さんのお話のあと、メドレー形式も含め演歌三十曲を歌いました。土取さんがインドの擦弦楽器エスラジや打楽器なども演奏してくれたのですが、一音一音が

土取利行さん（左端）と。立光学舎、2011年5月3日

言葉のようで、歌をもり立ててくれて、土取さんのすごさを思い知ったのです。桃山さんが亡くなられたあと、立光学舎で演歌のコンサートを行うのは初めてだったようで、みなさんとても喜んでくれました。

その日、土取さんはライブの出来について良い悪いはおっしゃいませんでした。ただ、勇ましく歌った『むらさき節』について、「本来はもっとしっとりと、流れるように歌う、人々に染みこむ演歌なんだ」と指摘されました。桃山さんが歌ったテープも聴かせてもらい、「この人から唖蟬坊演歌の真髄を学ばなければいけない」と思いました。

その後は、東京で土取さん主催のライブにゲストで出たり、年一回の木馬亭での独演会にゲストでお呼びしたり、交流が始まりました。土取さんはご自分でも積極的に唖蟬坊演歌を歌われるようになり、二〇一三年には演歌のアルバムを出され、現在はユーチューブなどにもたくさんの動画を上げています。また、ルポライターの鎌田慧さんと唖蟬坊についての著書も出しています。桃山さんから引き継いだものを、後世に遺そうとされているのではないでしょうか。

演歌は歌い手によって節を変えたものが多くありますが、土取さんは正調の唖蟬坊・知道演歌を継承されている。ぼくも音源を参考にさせてもらうことがあります。非常に貴重なお仕事で、あとに続きたいと思っています。

宮古市で鳥取春陽を

唖蟬坊、有馬敲さんのあとに惹かれるようになったのが、『籠の鳥』の曲などで有名な岩手県宮古市（旧刈屋村）出身の鳥取春陽です。春陽は十四歳で家出して、十代で唖蟬坊と出会って弟子になり、演歌師の道に入った人です。知道とも仲がよく、一緒に街頭に立ち歌っていました。関東大震災の翌日、知道と春陽は一緒にいたそうで、作詞・知道、作曲・春陽で『大震災の歌』を作っています。

時それ大正十二年　九月一日正午時　突然起こる大地震
神の怒りか竜神の　何に恐るる戦きか　大地ゆるぎて家毀ち
瓦の崩れ落つる音　電柱さけて物凄く
潰れし家のその中に　呻きの声や叫ぶ声
文化の都一瞬に　修羅の巷と化しにけり
火の手は起こるここかしこ　狂える風に煽られて
乱るる焔火の柱　天に沖する黒煙り
老若男女分かちなく　右往左往に逃げまどう

満都の人の狼狽は　実に一幅の地獄絵よ
悪魔の火の手は凄まじく　官省、帝劇、警視庁、三越、白木、松坂屋
枢要の街をなめて行く

震災後、春陽は拠点を大阪に移して、オリエントレコードと契約。日本初のレコード会社専属歌手となって売れっ子になりましたが、酒の飲み過ぎで三十一歳で亡くなっています。彼の功績は、日本の三味線調の演歌に初めてジャズを取り入れ編曲したことだといわれています。アルバム『書生節の世界』を聴いたときは、彼が演歌師で『籠の鳥』の作者だということも知っていましたが、それほど感興が湧きませんでした。

二〇一三年、宮古市で土取さんと二人で演奏する話が持ち上がりました。うちの祖母が好きだった『思い出した』は春陽の作で、彼の酒飲みソング『タマランソング』もぼくのレパートリーにしていました。

宮古市で最初にうかがったのが公共施設内にある鳥取春陽展示ホール。そこで市内に春陽の親友・門坂眞実知の長女である中野和子さんが住んでいらっしゃることを知りました。春陽は家出して上京するとき、門坂と一緒に行くはずが、門坂は父親から羽交い締めに遭い、春陽が一人で行くことになりました。春陽がヒット歌手になり、宮古市に凱旋し

たときに二人は再会したそうです。

中野さんは父親の親友、春陽の歌を後世に遺そうと活動されていました。春陽生誕百年（二〇〇〇年）のときには「春陽を唄う婦人会」の会長でしたが、その後は会員の高齢化で活動が下火になり、「春陽はこのまま忘れ去られるのだろう」と思っていたそうです。

そんなときに土取さんとぼくが中野さんのご自宅に突然現れたので、びっくりされたようです。当時、中野さんは九十歳くらい。中野さんの前でぼくが春陽の歌を何曲か披露したら、大粒の涙を流しながら、「まさかこんなに若い人の歌声で春陽が聴ける日が来るとは思わなかった」と言っていただいた。自分が春陽のことを次代に伝えなければと強く意識しました。そこで、「次は春陽のCDを作ります」と中野さんに誓いました。

その後、市内でチャリティーコンサートを行いました。東日本大震災で被災された人が近くの仮設住宅から来られたり、春陽の元婦人会の人たちも集まってくれて、ぼくは春陽の曲のほかに『復興節』や『ストトン節』、昭和歌謡なども歌い、とても喜んでもらいました。政治風刺の演歌も思った以上にウケました。

春陽の『籠の鳥』を歌ったあとに、被災したある中年の女性が、こんなことを話してくれました。「心に染みたわよ。でもこんなところに押し込められている私たちが籠の鳥よ」。後日、彼女たちの思いを『東京節』と同じメロディーの『解放節』の新しい歌詞に込めました。

政治家先生言うことにゃ国民の生活守るため
国会の席を守るため日本の原発守るため
辛抱せよ辛抱せよ言うけれど仮設住宅に押し込まれ
今じゃこうして籠の鳥
解放せい解放せい解放せい　イントレランスだ解放せい

集まってくれた人たちにも「必ずCD作って帰ってきます！」と約束した。それが「かんからそんぐⅢ」につながっていきます。

三枚目のアルバムと宮古再訪

宮古市のみなさんに約束した三枚目のCD『かんからそんぐⅢ〜籠の鳥・鳥取春陽をうたう』は二〇一五年発売。一枚目も二枚目もそれなりに売れており、オフノートの神谷さんが企画自体にも興味を示してくれ、三枚目の話は二つ返事でOKが出ました。以前のアルバムで新聞などの取材も多く受けていたことが大きかったようです。

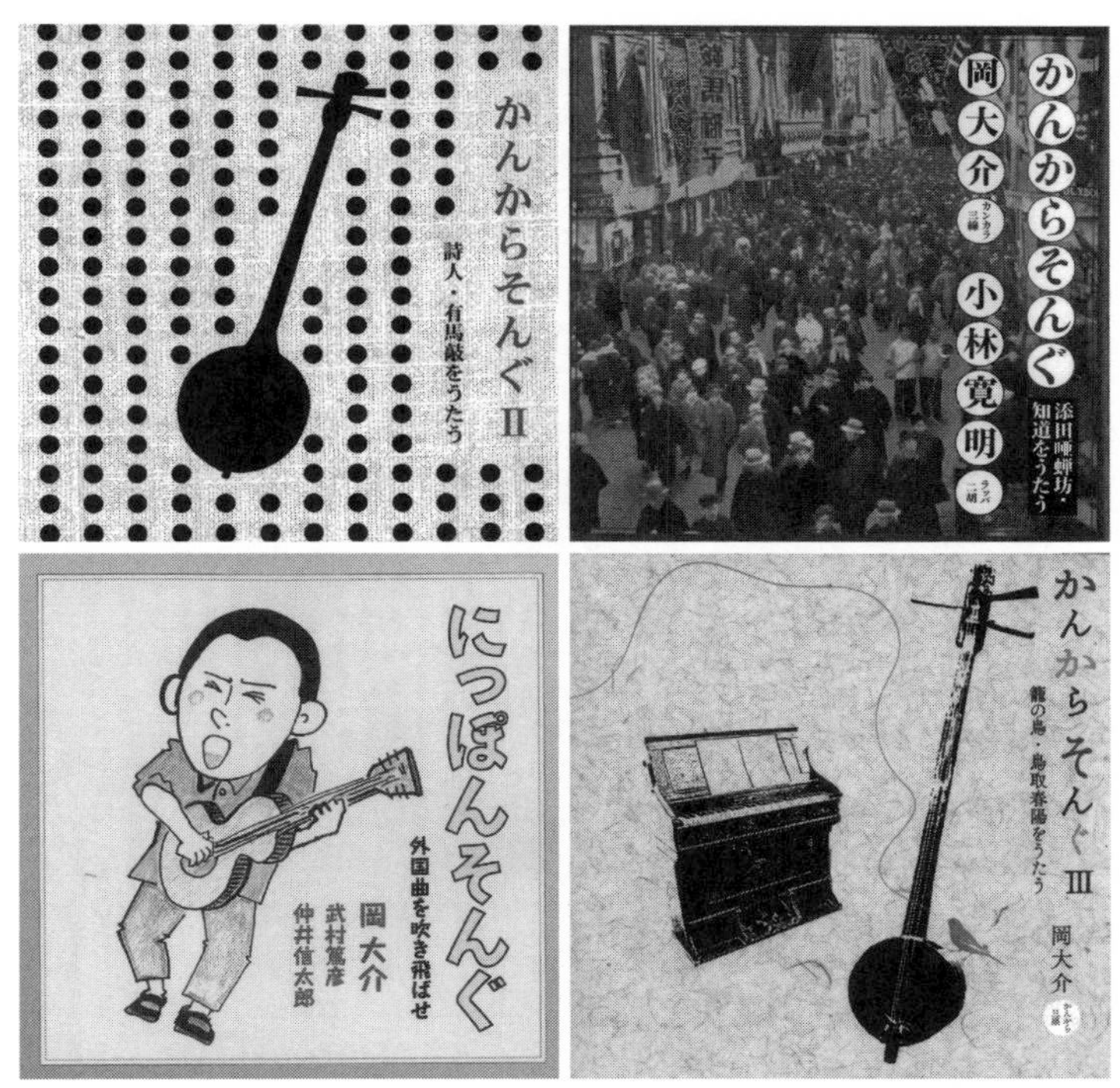

これまでにリリースした４枚の CD（オフノート発売）
『かんからそんぐ〜添田唖蝉坊・知道をうたう』（2008 年）
『かんからそんぐⅡ〜詩人・有馬敲をうたう』（2010 年）
『かんからそんぐⅢ〜籠の鳥・鳥取春陽をうたう』（2015 年）
『にっぽんそんぐ〜外国曲を吹き飛ばせ』（2018 年）

アルバムのジャケットは友人の美術家・藤田龍平君にお願いし、二人で取材旅行として二〇一四年の十月に品川から深夜バスで宮古を再訪しました。鳥取春陽展示ホールでオルガンなどを撮影したあと、呑み助の春陽にちなんで、飲み屋さんで歌う写真が撮れたら最高だね、ということになった。ぼくはいい飲み屋を見つけるのに鼻が利きます。入ったのが「のり平」という居酒屋で、女将さんが一人で切り盛りしていました。

リュックに入れたカンカラ三線は、普段ははみ出したからくり部分にカバーを付けていますが、初めての店ではわざと外していきます。そうすると店の人や常連さんが気になって話しかけてくれ、歌う機会をもらえることが多いのです。

しばらくして隣のおじさんが声をかけてくれて、女将さんのＯＫも出て盛り上がりました。鳥取春陽のＣＤを作っていることを伝えて、完成後の再訪を誓いました。

一年後、そのＣＤを持っていったら、女将さんは市長さんまで呼んでいて、常連のみなさんで三十枚も買ってくださいました。これを縁に、翌々年（翌年は台風で延期）の「新里まつり」（春陽の故郷のお祭り）でも歌うことにつながりました。

アルバムは二枚目を出してから五年空きましたが、自分の新しい風刺の詞を入れ、一番「演歌らしい」作品になりました。

第四章

歌ってつながる人の縁

歌と酒と、厳しさと人情と

1―― 〝投げ銭〟で末永くよろしく

蜘蛛の巣ネットワーク

ある街に縁があって歌いに行き、そこからまた縁がつながって、別のところにまた歌う拠点ができる。そこからさらに派生する。そんなかたちで歌うところが増えていきます。ごく小さな蜘蛛の巣があちこちにできる感じです。その中心には熱いこころをもった人がいて、「演歌」を大事に思ってくれている。ぼくも彼らのことを思い出すと、ポッとこころに灯がともる感じがあります。

旅先では、淋しい思いをしたことがありません。かならずだれかがそばにいて、歌や話を聴いてくれます。それがもう十年近くになる。おかげで〝いい居酒屋〟を見つける鼻が利くようになりました。「それっておじさんの言うことよ」と女性はからかうけれど、旅先ではとても大事な知恵です。温かい人がいて、うまい酒とつまみがあって、自然な話の流れで「あんちゃん、一曲聴かせてくれ」となるかどうかは、かなり大きな問題です。

これから全国あちこちのお店などを紹介していきますが、それらを通して演歌が細々ながら支持されるわけを読者の方々に伝えたいと思います。すべてのお店を紹介できないのが残念ですが、この本を持ってご挨拶(あいさつ)にうかがいますから、ご勘弁ください。

必ず出すお礼ハガキ

ぼくは余計なしがらみに囚(とら)われたくないため、プロダクションには入らずやっています。プロダクションに入ると、あの言葉を使っちゃいけない、あの曲をこの人の前で歌っちゃいけないと、何かと制約があるらしいですが、ぼくにはその煩(わずら)わしさはありません。

よく「どうやって仕事を取っているの？」と聞かれます。人の縁、としかいいようがありませんが、お客さんに言われてから常に心がけていることがあります。

三十代に入って、ある商工会の新春会で歌わせてもらったときのこと。出番が終わったあと、六十代の女性社長から「カンカラよかったわ。ところで、あなた、どうやって仕事を取っているの？」と尋ねられたので、「歌ったところで名刺やチラシを配り、それで依頼していただくことが多いです」と答えると、「それだけ？」と不審な顔をされます。

「名刺はたくさんもらうから忘れちゃうわよ。岡さんのほうから〈今日はありがとうございました。またお願いします〉の二行でいいから、すぐにハガキを書きなさい」

と助言してくれたのです。

当時は生意気で、先輩方のいろいろなアドバイスを受け流すことも多かったのですが、そのときはちょうど、仕事を増やすためにどうしたらいいか摸索していた時期でした。そのアドバイスが素直に胸に染みました。なんでそんなことを思いつかなかったのか。

次の日から、歌わせてもらったところや名刺交換した人には、かならずハガキを出すようになりました。以来、十年以上欠かさずに続けていますが、たしかに仕事が徐々に増えてきたのを実感しています。あとで立川談志師匠も永六輔さんも同じことをされていたと聞き、この方法でよかったんだと納得しました。

ハガキにはぼくのキャラクターを入れます。そして、その土地ならではの消印「風景印」をポンと押してもらって投函します。ぼくが送ったハガキをずっと店内の壁に張ってくれているお店もあります。そういう店のマスターやママの顔を思い出しながら、「これからも続けていこう」と思うのです。

地方の店で

地方へ行くと、「今日のお客さんともう二度と会えないかもしれない」という気持ちになり、自然と力が入ります。

名古屋で一日五軒回ったときに、どの店もギリギリまで粘って歌いました。それらのお店の紹介者の奥さんで、しかも同行してくれた方が、「岡ちゃんは、いつでもどこでも出し惜しみしないのがいいわ」と言ってくれました。和歌山ではライブのあとも飲みながら明け方まで歌っていると、ママから「岡君は枯れた声がいい。昼から河原で五時間歌ったあとにライブをやろう」と冗談交じりに言われたこともあります。歌い尽くして、力が抜けて、聴きやすくなるのかもしれません。

そんなことが、これからのぼくの歌唱法のヒントになったりします。

地方の会場や飲食店での仕事は休憩を入れて二時間のステージを準備していきます。現在は一部で演歌をやり、二部ではリクエストを募って、フォークソングや歌謡曲を歌うことが多いのですが、以前は演歌を伝えようとする思いが強すぎて、十分に楽しんでもらうことができませんでした。そんなときは名誉挽回（ばんかい）とばかりに打ち上げで店の人やお客さんのリクエストを聞き、飲みながら三時間歌うこともしばしば。

実はそれでお叱（しか）りを受けたことがあります。

何度かおじゃましていた北海道の芦別（あしべつ）「ディラン」でのこと。知名度も低いのにたくさんのお客さんを集めてくれたのですが、一人よがりのステージになってしまいました。それを取り返そうと打ち上げで延々と歌ったところ、ママがひと言、「これをライブでやってほしかった」と洩らしたのです。たしかに本番で満足してもらってなんぼ、です。ライブの回数の少ない地方だからこそ、ステージでのレベルをもっと上げなくてはなりません。やがて演芸場での仕事をやるようになり、笑いのポイントを間近に学ばせてもらっているうちに、ぼくの芸域も広がってきた感じがします。一直線だったものが、多少は寄り道する余裕が出てきました。

北海道—ひょんなことからつながって

ぼくは北海道に妙に縁が深い。十九歳のときにバイクで道内を回ったことがあります。初日は大洗（茨城県）から苫小牧までフェリーに乗り、そこから小樽、札幌を通って北のはずれ稚内まで一気に駆け上がりました。若くて、何も考えていなかったからできたことだと思います。

北海道にたびたび歌いに行くようになったのは、三人の方たちが招いてくれたのがきっかけです。その三人とは、もともと知り合いでも何でもなかった、というのが面白いところです。その一人が河本充教さん、苫小牧の市役所にお勤めです。

彼は東京のライブにも足を運んでくれるような熱心な方で、ぼくのブログを見てくれていたようです。それがファーストアルバムの発売の前だから、どういう情報の取り方をしていたのかと思います。大変な音楽マニアで、ぼくがＣＤを出したオフノートのことも先刻ご承知でした。

きっとほかのライブのついでだったのだと思いますが、門前仲町（東京都江東区）の「お江戸深川さくらまつり」で河本さんに声をかけられたときは、こっちが魂消てしまいました。

もう一人の案内人が、大原智也さん。高田渡さんの追悼ライブが東京・三鷹の武蔵野市民文化会館で開かれ、ぼくも一曲歌いました。その大原さんが、渡さんの大ファンで、会場にいたらしいのです。打ち上げの席で、「初めて見たけど、面白いね」と言われ、アルバムも買ってくれました。

ぼくは名刺を渡しましたが、帰りぎわのわずかな時間だったので名刺をもらえず、どういう職業の人か分かりませんでした。それからしばらく経って、夜に電話がかかってきました。明らかに酔っぱらっている声で、「ＣＤよかった！　北海道にいつか呼びたい！」。こういう電話を受けたことがなかったので、よほど変わった人だな、という印象でした。

何度目かの電話のときに、北海道新聞の記者であること、「仕事で行ったわけではないので、名刺を出さなかった」ということも分かりました。彼はプライベートでわざわざ函館から追悼ライブにやってきたわけです。

その大原さんがたまたま第三の案内人と出会います。田中綾さんといい、短歌の研究者で、北海学園大学の教授でもあります。音楽の話になり、田中さんが突然、「カンカラ三線の岡さん、知ってますか」と大原さんに聞いたそうです。「ぼくが呼びたい人です！」と大原さん。その奇遇に二人は驚いたと言います。田中さんはぼくのCDを買っていて、授業でも壮士演歌の『ダイナマイト節』を取り上げるなどなさっていたそうです。穏やかな、優しい人ですが、やはり政府の理不尽さに一家言もった方です（現在は三浦綾子記念文学館の館長も兼務）。

苫小牧の河本さんと大原さんをぼくがつなげ、これで三人がつながったことになります。田中さんが、「岡君と小林君を呼んでくれるなら、いくらでも出します」とおっしゃってくださったらしく、函館、札幌、苫小牧と初の北海道ツアーが決まりました。北海道はのちに芦別、北広島、小樽、釧路、白糠、旭川でも歌っています。年に七回、行ったこともあります。札幌すすきので十三軒、九時間かけてお店を回ったのが、ぼくの歌い続け「流し」の記録になっています。

「札幌ならこの人」と、大原さんの紹介でお会いしたのが、サラリーマンのたいようさん。すすきのので彼の行きつけの店を一軒三十分のペースで歌い、駆け足で店を回りまし

札幌すすきの「くぬぎ酒房」、2017 年

た。それを面白がって客があとをぞろぞろ付いてくるという変なことに……。まるでブレーメンの音楽隊です。彼は翌年も別の店を紹介してくれました。本当に顔の広い人で、どの店でも愛されているのが分かります。彼は「岡君はどこでも紹介しやすい」と言ってくれます。事前に挨拶の電話を入れるし、事後に礼状が届くから安心だ、と。

ちなみに、たいようさんは、社会人落語「仔羊亭たいよう」の名で桂歌蔵師匠の前座などを務めています。ぼく自身、たいようさんと二人でライブをやったこともあります。

苫小牧は河本さんの紹介で、ほかの地はほぼ大原さんの伝手が頼りでした。大原さんはクルマの運転までして、まるでマネージャーのように一緒に回ってくれました。

苫小牧では田中ツルさんという名物マスターがいる「アミダ様」というライブハウスに三回、お世話になりました。最初の出演のとき、演奏中に大声でいじられました。これはツルさん流の手荒い歓迎法だと思い、気にせずやり通すと、気に入ってくれたようでした。ツルさんはお酒をやらない人で、常に鋭く緊張感の漂う人でした。ぼくは気に入ってもらえたのか、一度自宅に泊めてもらったことがあります。

ぼくが音楽家の土取利行さんと面識があると言うと、ぐっと身近に感じてくれたようです。突然、土取さんの奥さんである桃山晴衣さんのCDをかけて、「いい師匠に出会えたね」と言ってくれました。

ツルさんはほかにも、「君のようなことをしている人はほかにいない」「どんどん歌を作ったらいいよ。風刺は使い捨てでいいんだから」とおっしゃっていました。ぼくには、どの言葉も強く響きました。残念ながら、ツルさんは二〇一六年四月に亡くなりました。

最近、大原さんから言われたひと言。「十年前、北海道で岡君を知っているのは三人だけだったなぁ」。たしかにそうです。よくここまで二人で来れましたね！

宮城―マスターと朝まで

仙台はジャズ祭りなどが開かれる音楽の街、というイメージがあります。定禅寺ストリートジャズフェスティバルは三十年の歴史だそうです。

ぼくが仙台に行くようになったのは、大崎市の銘酒「一ノ蔵」の蔵祭りで、寿寅多宣伝社さんと一緒にライブをやったあと、仙台のお店を紹介していただけますか、とお願いしたのがきっかけです。震災の起こるちょうど一年前の話です。

仙台のお店は「なごみ処くも」といい、二十時から二十二時までのライブです。初回は寿寅多さんと一緒に行きました。代表の相澤さんが「くも」のマスター・長澤さんに電話を入れ、しかじかの者と一緒に行きたい、と言うと、「岡君なら呼びたいと思ってた」とのことで、とんとん拍子に話が決まりました。

というのは、少し前にNHKのテレビ番組「知る楽」にぼくが出ていて、それを長澤さんがたまたま見ていたらしいのです。木馬亭(もくばてい)での独演会を映したものです。「気骨のある若いやつがいるなぁ」と思ったそうです。

「くも」では翌年から投げ銭ライブをやり、休憩を入れて二時間の独演です。緊張が続くのはそれくらいで、ライブが終わると、あとは本格的に飲み始めます。夜中の三時までやっている店で、あとで飲みに来たお客さんが「一曲やってよ」ということになれば、快くリクエストに応じます。

マスターもお酒が強く、ハーモニカを吹いて、ぼくとセッションしながら、朝を迎えます。いつも寝袋を貸してもらって、座敷で寝ますが、彼は床で飲みながら、眠りについたりしています。こんな飲み方をしていると身体を悪くするのではないか、といつも心配です。家に泊まるように言ってくれるのですが、毎回朝五時まで飲んで歌っているので一度もおじゃましたことがありません。

ぼくは民衆の怒りを日本の歌で歌いたい、と若いころから言い続けているのですが、マスターは「この若造が何を言う」と思っていたそうです。近ごろはぼくの風刺の内容を聞いて、「歌詞が身についてきた」と言ってくれます。若いころの歌詞は、直接的に世の中の悪口を言っているだけにしか聞こえなかったそうです。その店には、東日本大震災でうつになり人に会うのさえ嫌な方が、「岡君の歌なら聴ける」と、来てくださっています。

マスターは震災のとき、お客さんに飲食を無料で提供しました。自分のことより他人のことをまず考える人です。以前は出演者にお酒を振るまっていたのですが、ここぞとばかりに頼んで残す演者がいるので、いまはぼくを含めて三人だけに特権を限定したそうです。三人とも「飲み方がきれいだから」とマスターは言ってくれます。

実はこの店で、のちにぼくの妻となる人と出会いました。営業先の人に連れてこられたそうです。マスターには、何かあると連絡することを欠かしません。

新潟─右派からのサポート

「俺はどちらかというと右寄りだけど、いまの政治に不満があるし、言いたいことがある。愛国というのは、岡君も同じはず。どんどん自分の道を進んでほしい」

大工の石(いし)ちゃんはそう言います。彼と出会ったのは何度目かの宮城・石巻でのライブでのこと。ぼくのうわさを聞き、ライブに来てくれたのが縁の始まりです。彼は上越市(じょうえつし)（新潟県）の出身で、石巻では車中やインターネットカフェに泊まって震災後の復興の仕事をしていました。一年は石巻にいたのではないでしょうか。

ぼくが仙台のライブに行くと言うと、軽トラに乗せていってくれると言います。その言葉に甘えさせてもらって、クルマの中でカンカラで歌いながら向かいました。ぼくは温泉と昼食でお礼をしました。松島で旅館の日帰り温泉に入り、食事は石ちゃんが遠慮するのでコンビニでカップラーメンを食べました。

石ちゃんが新潟に呼んでくれて、その人脈がものすごく、新幹線が止まる上越妙高駅近くの「フルサット」というコンテナ屋台で「流し」ライブをやりました。その翌年は上越市の春日謙信交流館というところで、地元の人を相手に「明治大正演歌の会」をやりました。予算が足りなければ自腹でも払ってくれる、ザ・人情の人です。

石ちゃんは実家に泊めてくれました。お母さんがご馳走を用意してくれていて、お礼にカンカラで二、三曲。まるで自分の実家のようです（岡家は新潟がルーツということもあって、なじみやすい……？）。ぼくに子どもが生まれて、石ちゃんのお母さんからお祝いに米三十キロが送られてきました。

石川・福井――大道芸の一員として

地方の祭りに呼ばれて歌うことも多い。石川県白山市の鶴来の夏祭りに呼んでくれたのが、通称カッパさん（芸名は「おいかどいちろう」です）。白塗りで、手製の獅子で舞い、火吹きの芸もやるという人です。そのカッパさんが鶴来の観光課の方と意気投合し、大道芸人を夏祭りに連れていくようになったのが十五年ほど前。いつも十組くらいが参加します。ぼくが参加して十二年になります。鶴来では週に三日間、一回十五分を一日三ステージ歌い、あとは祭りの会場を回って、盛り上げ役をします。

カッパさんとぼくの縁は、カッパさんが知り合いのミュージシャンのところに行った際に、たまたまぼくのCDがかかっていたらしく、気に入って、「この子を紹介して」となったそうです。「芸人たちの気が緩んでいるから、ビシッと締めに来て」という誘い方です。そして、こんな厳しいことを参加する芸人に言います。

「本来の祭りは、数日前に現地に入り準備を手伝い、芸を披露してご祝儀をいただき、片付けをして帰るものだ。おまえらのやってるのは、ただのイベントだ」

四年ほどは出演料ありで呼んでいただいたのですが、ある打ち上げで歌い、ご祝儀がたくさん出たので、カッパさんが「岡はもう自分で仕事を作ったほうがいいね」「ゲストで呼ぶのはおしまい」となって、自力で行くようになりました。

鶴来のそばの松任の駅前でも大道芸をやり、そこで「蒼そう」というお店に縁ができて歌わせてもらい、そのマスターの紹介で何軒か回るというように、街で応援してくれています。浅川マキの生まれた美川も近く、歌いに行きました。

カッパさんは空き民家を借りて、興行のあいだ芸人たちとそこで寝泊りし、芸人たちが炊事をします。毎夜、打ち上げには地元の方を呼んで、親交を深めます。と、そこまではいいのですが、地元の方がいなくなった零時過ぎから決まって、反省会が始まります。といっても、カッパさんが一方的に、ここがいけない、あそこが足りない、と芸人ごとに指摘するのです。それが的を射ているので、ぼくにはすごく勉強になりました。言われた当人はたまらないですが……。

カッパさんは一日二升はあたり前。夜中の三時、ちびりちびりと飲む芸人さんに「情けない」と言い、「俺に意見があるなら酒を飲み干してから言え」と、だれよりも飲んでいるカッパさんが一気に酒を空ける。この人、人間じゃないと思いました。

祭りで出番が終わって、盛り上げのために会場を回るときに、ジャグリングやバルーンの芸人さんには子どもたちの取り巻きができるのに、ぼくだけ寂しいかぎり。一人付いてきた中学生に「どうしてかな?」と聞くと、「岡ちゃん、古いんだよ」と的確なことを言います。彼や家族と親しくなって、三国港（福井県）に仕事で行くときに誘うと、親の承認も下りたので、二人で出かけました。そこの「三國湊座」というお店のご主人が町内会の副会長で、船で東尋坊の下などに案内してくれました。ぼくがお店で歌っているあいだ、眠くなった彼をお店の座敷に寝かせておきました。ライブ後にほかの打ち上げのお店に移動して一緒においしいものをご馳走になり、そのあとご主人のお宅に泊めてもらいま

石川県白山市美川のスナック、2015 年

した。

　翌朝、お母さんがクルマで迎えに来て、少年は一緒に帰っていきました。ちゃんとお世話になった方にはハガキを書くんだよ、と教えたので、副会長さんには来信があったそうです。でも、ぼくには届きません。さて、それをどう考えたらいいのか……。

　石川県は保守の牙城（がじょう）のようだといわれますが、ぼくが歌った印象では、結構風刺に対して反応がよかったと思います。どこで歌っても、その印象は変わりません。

東京・新宿①──ビールケースの上で

「流し」というと、ギターを抱えて店に飛び入りし、客のリクエストで歌う姿をイメージする方が多いようですが、それは〝場荒らし〟であり常道ではないとされています。本来は、まちやお店の許可を得てやるもの。歌うのは二番までで三曲千円という相場でやっていたそうです。ぼくの「流し」のスタイルはそれとは違って、ビールケースをひっくり返し、そのうえでリクエストがあるまで歌い続けるというものです。前に少し、新宿三丁目の「ホルモン横丁」について触れましたが、四軒のお店が集まったところで、その「流し」スタイルで歌わせてもらっています。

　突然、歌い出すと、不快に思う方もいるかもしれませんので、最初に「お話し中、失礼いたします。これから店内で歌わせていただきます。もし気に入っていただけましたら、リクエストお願いします」とすべてのお客さんに挨拶してから始めるようにしています。お客さんにはぼくのレパートリーが印刷された紙をお渡ししておくのですが、半分は見たことも聴いたこともないような演（説）歌をわざと混ぜておきます。だれか一人でも興味をもってリクエストしてくださるなら、それで演（説）歌の理解者が少しでも広がっていくと期待してやっています。投げ銭は一曲フルで歌って五百円です。

不思議なことに一回も「うるさい」と言われたことがありません。酒の場にカンカラ三線の音色とぼくの声が妙に合うとお客さんが言ってくれます。それと投げ銭でまったくのオケラというのは、数えるほどしかない。ありがたいことです。

新型コロナの感染拡大で酒の場で歌う機会がなくなって、痛感したことがあります。週一回、一時間、ノンマイクでお客さんの前で歌うことには大きな意味があるということ。鏡のまえで練習してもまったく身に付いてこない。たとえ一人でもお客さんが目の前にいれば、集中力が違ってくる。新ネタを下ろすのにも、酒の場は格好の場所だったのです。たしかにお酒と会話で盛り上がっているところで歌う厳しさはあるわけですが、それによってどれだけ鍛えられてきたか、ということです。

その貴重な機会を与えてくださったのが、「い志井(しい)グループ」の石井宏治(いしいひろはる)会長です。グループの総店舗数は百以上あり、もつ焼き、カフェバー、洋食屋さんなど、さまざまな業態を展開しています。

ぼくは自分で「NHKに出せない演歌師」と言っていますが、実は三度、出演したことがあります。テレビが「知る楽」（全国放送）と「こんにちはいっと6けん」（関東エリア）、そしてラジオが「ラジオビタミン」（全国放送）です。石井会長はたまたま風邪で寝込んでいたときに、このうちの「いっと6けん」をご覧になったそうです。

その番組では、担当の方が新聞に出たぼくの記事を見て、出演のオファーが来ました。吉祥寺の「ブロン」（のちに閉店、ライブは「立吉」で継続）で月に一回ライブをやっていて、そこを撮りたいというので、『ノンキ節』をやりました。スタジオにも生出演し、まず『お富さん』、そして自作の『浅草唄』、最後に『東京節』を歌いました。

石井会長は「昭和」の匂いがする歌謡曲が好きで、新しく開くホルモン横丁にぼくが合うのではないかと思ったそうなのです。ぼくのスケジュールを調べて、池尻大橋（目黒区）の「CHAD」のライブにわざわざ来て、名刺を下さったのですが、ぼくは驚いて「とても有名なお店じゃないですか」と言ってしまいました。会長はテレビ東京の情報番組「ガイアの夜明け」などにも出た方でした。

「どうすれば岡さんに頼めますか」ということだったので、後日、新宿のホテルの喫茶店

石井宏治会長（左から二人目）と。新宿三丁目「ホルモン横丁」、2010 年

でお会いして、ぼくがフリーでやっていること、ずっと続けさせていただけるなら投げ銭スタイルで、そのかわり何かほかに営業があったらご紹介ください、といったことを話しました。

ほかのお店でも長く続けさせていただけるようお願いするのですが、自分の足場をきちんともっていたい、ということと、一回限りでなく長く続けるには、飽きられないためのそれなりの工夫も必要になってくるわけで、芸の鍛錬になる、と考えているからです。ストリートで歌っていた自分の原点を忘れないためというのと、演歌から始まった「流し」を継いでいこうという意識もあります。

ライブが終わるごとに、会長にはその日いくら稼ぎがあったのか報告しています。

東日本大震災のときに、東京でパタリと仕事がなくなり、石井会長にお願いして大阪のお店での流しの仕事をいただいたことは、前に触れました。そこの店長さんから「何か用意するものは？」と聞かれたので、「ビールケースを一つだけ」と答えました。

ホルモン横丁のお客さんから、うちでもやってよ、とじかに仕事をいただくこともあります。さすが新宿だと思うのは、そういう声をかけてくださる人たちが全国区だということです。ふだんは大衆演劇をやっている静岡県焼津のスーパー銭湯、神奈川県八景島で催されたビール会社の顧客とのバーベキュー慰安会（なんと参加者五百人でした）、広島で数軒を展開しているラーメン屋さん（後で詳しくご紹介します）……ホルモン横丁でいただいた仕事のほんの一部です。こういう余得があったときにも、会長に必ずお知らせするのですが、歌う場がまた一つ広がったことを心から喜んでくれます。

そうそう、思い出しました。ぼくがＮＨＫ「こんにちはいっと6けん」に出たときの新聞の番組欄は、「人気歌手登場！」となっていました。だれのことだ、それは、と思いました。

東京・新宿②――「風刺をどんどんやって」

新宿ではもう一つ、居酒屋「千草」を忘れるわけにはいきません。新宿駅東口を出てから五分ほどで、少し込み入った路地に面しています。いまは建て替えたビルに収まっていますが、ぼくが初めて行ったときは風情のある古い構えのお店でした。一九三六（昭和十一）年から続いているそうです。

お芝居関係の人が多く寄る店だといわれています。新宿区立新宿歴史博物館で「新宿の酒場と文人『居酒屋千草』」という展示（二〇一八年七月一日～九月三十日）がなされたことからも、それが分かります。お客として通った有名な芝居人の揮毫が飾られています。

東京ボーイズの仲八郎師匠と新宿の末廣亭に出たときに、師匠が「お客さんが岡君のこと気に入っている」と声をかけてくださり、打ち上げで行った店が千草でした。東京ボーイズやぼくが加盟するボーイズ・バラエティー協会が年に一回、末廣亭の「余一会」で「ボーイズバラエティ大会」というイベントを行っています。

別の日にまた、ちょっと寄ってみようかと千草に行ってみると、建て替え工事中でした。ぼくが中野のマンションの一室でライブをやったときに来ていた東水労（東京水道労働組合）の古田さんとたまたま千草の話になり、建て替えが済んで再開したと聞き、一緒に顔を出しました。

中野のマンションの一室とは何かというと、そこの所有者であるおばあさんがライブを企画し、毎回三十人くらい集めて演奏会を催していました。ぼくが千歳烏山（世田谷区）の「TUBO」で馬頭琴とバウロン（アイルランドの太鼓）の奏者とライブをやったときに、そのおばあさんが馬頭琴奏者のお客さんとして聴きに来ていて、「若いのに唖蝉坊を歌うなんてすばらしい。うちでもやってよ」となったのが始まりです。浅草・木馬亭にも毎年、来てくれています。

千草に話を戻します。東水労と一緒に行ったあと、しばらくぶりで千草に顔を出しました。驚いたことに、新宿・ゴールデン街で知り合ったハルさんがいました。千草で店員として働いていて、東水労のときは非番だったようです。彼女から千草の大将を紹介してもらいました。ひげが特徴的な大将は、ちょっと困ったような表情が、人柄のよさをストレートに表しています。しかし、根はまっすぐで、「岡君、どんどん政治批判やっていいからね」と言ってくれました。飲み屋さんでここまで言ってくれるところは、なかなかありません。

千草でも、長く続けさせていただくことを条件に、月に一回、投げ銭形式でやっています。大将が入ってくるお客さんにぼくのことを知らせておいてくれるので、自然とやりやすい雰囲気になったなかで、歌い始めることができます。それに、大将がまずお気持ちをザルに入れておいてくれるのも、とてもありがたく、いっちょやるかという気にさせられます。

千草に通い始めて八年、お店の人はみんな家族みたいな温かい人ばかり。こんな店で演歌が歌えるなんて、とても幸せです。

神奈川―啞蟬坊と吉田茂

神奈川県の大磯（おおいそ）といえば、ぼくにとっては啞蟬坊、昭和の歴史好きには吉田茂（よしだしげる）の名が真っ先に頭に浮かぶのではないでしょうか。同地には吉田茂の別邸がありました（いまは大磯町郷土資料館の一部）。

唖蝉坊と吉田茂が合体したようなイベントが、そこで行われました。

大磯にはNPO法人「大磯だいすき倶楽部（クラブ）」の人を中心にして、唖蝉坊を研究する会があり、会議室での勉強会のあとに唖蝉坊演歌を歌いました。それが二〇一一年九月のことです。聴き手は五十人はいたでしょうか。富山さんという方がとりまとめ役で、ライブの日に富山さんのお宅に泊めていただくなど、大変お世話になりました。ぼくのことは唖蝉坊絡みでネットで調べて見つけ出してくれたそうです。

大磯には港まつりと町内の通りでやる「大磯宿場まつり」があって、両方に呼んでいただき、港まつりではビールケースに乗って歌いました。打ち上げではスナック「まさこ」という風情のある店に入り、だれもが「ばばあ」と気さくに呼び愛されているママさんに歌を気に入られ、かわいがってもらいました。さすがにぼくが「ばばあ」と言うのは僭越（せんえつ）なので、ママさんと呼んでいました。残念ながら、その店はもうありません。

港まつりで、サーファーのカップルが目の前にやってきて、意外にもぼくの歌に聴き入ってくれました。投げ銭もバンバン入れてくれました。聞けば隣町の二宮（にのみや）の老人ホームで働いていて、ぼくにぜひ歌いに来てほしい、というのです。それで名刺を交換し、翌年から三年間、サーファーのお兄さんがその老人ホームを辞めるまで続けました。

そこには百歳になるおばあさんがいて、唖蝉坊の歌を聴いて身体が反応している、と娘さんと職員さんが驚いていました。そういうときに、歌の力ってすごいなと思うのです。

さて、今度は吉田茂です。

旧吉田邸には「金の間」というのがあって、そこで明治百五十年を記念して歌を披露することになりました。予定では二〇一七年十月二十三日でしたが、台風で翌年五月二十一日に延期。そのままイベント中止ということもあるので、貴重な機会をいただいたという感じです。これは役所の生涯学習課の山口さんが呼んでくださって実現したもので、「大磯だいすき倶楽部」のルートではありませんでした。そのことを富山さんが一番喜んでくれました。当日は、三十分のステージを、お客さんを入れ替えて二回行いました。

ぼくとしては気合を入れて臨んだライブでした。ぜひみなさんに楽しんでもらいたい、と曲の流れやトークの挟み方なども作り込みました。おかげで好評だったようで、ひと安心しました。富山さんをはじめとする啞蟬坊研究会の方たちも、「ここで啞蟬坊を聴けるとは思わなかった」とおっしゃってくださいました。

総理の別邸で政治風刺の啞蟬坊……愉快な会でした。

浅草に大磯と、啞蟬坊の足跡をたどっている感じです。同じ神奈川の横浜では「にぎわい座」でも歌い続けています。啞蟬坊のとりなしか、歌った先で縁ができて、歌の場が広がっていきます。

2——なぜか大阪はウケがいい

愛知ー政治にもの申す

芸人にとって愛知といえば、名古屋の大須（おおす）演芸場、大須といえば芸能、でしょうか。楽屋に明石家（あかしや）さんまさんの「今日も客なし明日は？」の落書きがある。それほど客の入らない演芸場ですが、ぼくも一度は立ってみたかった舞台で、知人の紹介で何度か定席（じょうせき）出演できました。名古屋はもともと芸事が盛んで、だから目や耳の肥えた人が多いと聞きます。

名古屋はちょうど東西の中間にあるので、演者の構成も両方を取り交ぜたものになり、ぼくなどは普段お会いすることのない落語家さんや芸人さんのお顔を拝むことができるので、貴重な機会でした。大須に出ている名古屋の芸人さんは、独演会をやれば二百人は集まる、という実力者揃（ぞろ）いといいます。

公演は一日二本、土日は三本、四、五日の泊まりでした。

ぼくにとって名古屋は、郡上八幡の行き帰りに乗り換えるだけのまちでした。郡上八幡には土取利行さんがおられる立光学舎があります。名古屋に小沢昭一ファンの方がいて、小沢さんとイベントで一緒だったときにぼくのことを知り、東京の国立演芸場まで見に来てくれたことがあります。

ぼくがトップバッターなのに、「待ってました！」の声がかかり、おかしいなと思ったのですが、あとで木馬亭にも来てくれて、「実はあの掛け声は自分でした」と種明かしをされたことがあります。それが市原さんという方で、ぼくのＣＤも持っていて、頼まれてそれにサインをしました。ぼくが出演したＮＨＫテレビ「知る楽」もご覧になっていて、唖蟬坊をやっているのがいい、ぜひ名古屋に来てほしい、と言ってくださいました。

市原さんの紹介でライブをやったのが、「きてみてや」（名古屋市中区）さん。入った瞬間にはまってしまったお店でした。ぼくの好みにぴったりだったのです。関西フォーク大好きの大将は大阪出身。演芸場泊まりでも、夜中までお店で飲んで、「きてみてや」の奥の座敷で寝かせてもらうことがほとんどでした。

二〇二〇年の夏、火事で本人も店もなくなってしまいました。その数日前に「秋に（「きてみてや」に）行きます。コロナ大変だけどガンバロー」と電話したばかりでした。長く歌っていると知り合いが亡くなることがありますが、これほど辛い別れはありません。

大須は交通費が出るのですが、ぼくは寄席が終わってからの営業をたくさん入れていて、たまたま夕方出かけるときに席亭と顔を合わせ、「君はほかで仕事をしてるから交通費は要らんなぁ」と即座に言われました。ぼくは恥ずかしながら、その習慣を知りませんでした。考えてみれば当然で、ぼくがだれかを交通費込みで東京のライブに呼んで、その人が夜に営業で稼いでいると知ったら、どういう気分になるか、ということです。

大須での送り出しのときに声をかけてきたのが、新宿ゴールデン街の会長をしている外波山文明さんのお兄さんで、通称「おいちゃん」、名古屋在住。ぼくの演歌を気に入ってくれて、「今夜、時間あったら飲みにいこう」との誘いでした。

文明さんは新宿の花園神社で「新宿ジャカジャカ」というフォークゲリラを題材にした野外劇をプロデュースしたりしています。おいちゃんは政治にもの申す人で、風刺演歌がお気に召したようです。「国が原発を残すのは、いつか核戦争をする気があるからだ」と呟いていました。

お兄さんにはいろいろな店を紹介していただきましたが、どの店でも好かれているのが分かりました。大須は投げ銭も気前のいい方が多いという印象です。お兄さんはぼくだけでなく、ふだんも芸人さんを大事にされる方です。ご病気と聞いて見舞いにうかがったら、ほかに何人も芸人さんが来てくれたと聞きました。

ご自宅に妻と泊めていただいたときは、クルマがどんどん人のいないところに進むので、妻は心配になったようです。名古屋市の郊外で、ホタルが飛び交うばかりか、檜の露天風呂に入っていると狸の親子が寄ってきました。

ぼくは旅先で銭湯を見つけるのと、喫茶店を見つけるのが習慣になっています。大須演芸場の女将さんにかわいがってもらっていて、ぼくの銭湯好きが知られ、入浴券をいただきました。

大須演芸場の裏に「サン」という喫茶店を見つけました。初めて行ったとき、ぼくのチラシが店に張ってありました。なじみのお客さんが、「この子、よかったよ」と言ってくれたので、張り出してあるのだといいます。

そこは古今亭志ん朝師匠が休憩どころとして使っていたお店とお聞きして、大須での噺をまとめたＣＤ集（『古今亭志ん朝大須演芸場ＣＤブック』河出書房新社）が出たのを思い出しました。

大阪―ウケる風刺

ぼくは関西フォークが好きだったこともあって、大阪には親近感があります。高田渡さんも一時期関西に拠点を移したことがあります。岡林信康、高石ともやといった名前が浮かびます。

バスに乗って、大阪の「春一番」コンサートを聴きに行ったのが二〇〇四年。東京のお客さんで大阪出身の方と現地で落ち合う約束をしてありました。ご存知のお店を紹介してくれるというので、営業にもなるな、と思って出かけた旅でした。そこで紹介されたのが沖縄出身の宮里ひろしさんがやっていた「Heaven HiLL」というショットバーです（二〇一七年に閉店）。宮里さんは春一番コンサートにも出ていたフォークシンガーです。

ライブ録音したCD—Rを渡したらすぐにかけてくれ、

「岡君、いまちょうど春一番のプロデューサーや出演者もおるから、一番好きな歌、歌って！」

ということだったので、『憧れのハワイ航路』を歌いました。すると、宮里さんがすごく喜んでくれて、「みんなで金を出して、今年中に岡君を大阪に呼ぶよ」と言ってくれ、実際、夏には宮里さんの店を含めて三本の仕事を入れて、ぼくを呼んでくれました。ほかはJR環状線の駅の福島（大阪市福島区）の夏祭りと、大阪メトロ・四天王寺前夕陽ケ丘駅の「夢家」さん、これらを二日で回りました。

二〇〇六年、宮里さんから、一人でやっていると大変だろうと紹介されたのが、ちんどん通信社にいた小林寛明君です。前のところ（第三章）で紹介した「二胡の小林君」です。リハーサルをやってみるとぴったりで、これはうまくいくな、と思いました。彼はぼくと同い年、曲のレパートリーは多いし、お店も何軒か知っていたので、そこでも二人でやるようになりました。

小林君が二胡を弾き始めたのは、ＹＭＯが曲のなかで使っていたのを聴いたのがきっかけだそうです。演奏するのがすごく難しい楽器で、ぼくはすぐにギブアップしました。バイオリンでも何でも弓を使う楽器は手が出ないという感じです。

小林君はもともと音楽技師としてちんどん通信社に入った人で、ＩＴにも強く、ぼくのブログなども彼に立ち上げてもらいました。ちんどん通信社のメンバーに、「小林君も演奏したいんやない？」と言われて、二胡で演奏を始め、すぐにちんどん通信社の即戦力になりました。

宮里さんには貴重な出会いをいただいたり、仕事の場をいただいたり、本当に感謝の気持ちでいっぱいです。ＣＤデビューや多くの仕事につながりました。

大阪の寄席、天満天神繁昌亭（てんまてんじんはんじょうてい）（大阪市北区天神橋にある寄席）は桂九雀（かつらくじゃく）師匠の紹介で舞台に出るようになりました。初回が二〇一五年のこと。大阪に乗り込むときには、やはり負けちゃいけない、といった気負いがありました。

ところがいざ行ってみると、とてもなごやかな楽屋で、すぐに鎧（よろい）を脱ぐことになりました。五代目桂文枝（ぶんし）師匠のお弟子さんの桂あやめ師匠にご挨拶に行ったときに、「ミュージシャンの人から岡さんのこと、聞いてます。出るからよろしく、とゆうとったで」と言われ、一気に気持ちが軽やかになった感じがしました。

よく大阪の芸人さんが東京進出を図るとき、決死の覚悟だといいますが、腰を据えてやろうとすると、そういう気持ちにもなるのかもしれない、と思います。

東京にいるとかえって、地方から出てきた人の競争心というか闘争心というか、その強さを感じることがあります。それは負けられないという気負いとも感じられます。若いころ、空回りしていた自分を見ているような気にもなります。

大阪ではテンポよくやっても、東京以上に風刺のウケがいい。反対に「芸人九条の会」の人が、大阪から東京に来ると、盛り上がりが重い、と言います。やはり大阪の人には〝野党精神〟のようなものがあるのかもしれません。

大阪の芸人さんには楽器をなさる方が多いようです。九雀師匠はクラリネットを吹きますし、ほかの落語家さんでギターを弾く人もいます。ボーイズでもコミックバンド・音楽ショウの「ザ・パンチャーズ」「横山ホットブラザーズ」「フラワーショウ」などが人気だったりします。ぼくの演歌も親和性が高いのかもしれません。

兵庫―「演芸に風刺がなくなった」

ＪＲ兵庫駅（神戸市兵庫区）の「こうべ輪太鼓センター」では、一般の大人から子どもまで和太鼓の叩き方を教えています。そこのホールで演芸をやるときには「芦笑亭」と称しています。同センターが位置する「芦原通」と掛けています。ぼくが『うたごえ新聞』に大きく出た記事をセンターの田中嘉治代表が目にされて、お声がかかりました。

演芸に風刺がなくなってきたから、がんがんやってください、とのご要望でした。演歌のみ九十分と長丁場です。新聞の記事のコピーも配っていただいていたので、お客さんはよく入っていました。コロナ禍もなんのその、二〇二一年で七年連続で呼んでいただき、もう来年も出演が決まっています。

一年前に次の出演の日取りを決めるので、その間に作り込んで、それを「木馬亭」や「横浜にぎわい座」などで下ろすようにしています。まず最初と締めの曲を考え、次にその間のストーリーを考えます。できれば、明るいところから入って、じっくり聴かせる感じの『ピエロの唄』（松崎ただし詞、鳥取春陽曲）、『アパッシュの唄』（松崎ただし詞、添田知道曲）などは真ん中あたりに配置します。その二曲は人生の哀歓を歌ったものなので、山谷、西成の話などにも触れることがあります。

神戸市の新開地にある演芸場「喜楽館」にも出ています。昼席で一週間の出演です。

桂文之助師匠、九雀師匠、桂吉弥師匠の三人会が喜楽館であって、ゲストで呼ばれたときに、喜楽館の顔付け（ブッキング）を文之助師匠がされていたので、「出させてください」とお願いしたところ、快諾してくださいました。席亭と一緒に顔揃えを考えるわけですが、四か月前に決定します。

喜楽館は落語が中心の演芸場で、時間が十分。スタートは『憧れのハワイ航路』。演歌とカンカラの説明で笑いを取り、最後に『ダイナマイト節』と『東京節』で盛り上げる、という構成です。

大阪と同じで、ウケがいい。

尼崎市武庫之荘の居酒屋「咲丸」に「流し」で伺ったときに、同姓同名の役者・岡大介さんが自転車で聴きにきてくれたことがあります。繁昌亭に訪ねて来られたのが最初です。寄席の舞台のための準備をするお茶子さんが、「タイスケさんにダイスケさんがお会いしたいと言っていますが」と声をかけてきました。ダイスケさんは、「おちょやん」「わろてんか」「水戸黄門」などのテレビドラマにも出ている方です。「わろてんか」では岩さんという役名だったので、関西ではその名で呼ばれることが多いのだそうです。自分とまったく同じ名前の人に会うのって妙な気分です。

ぼくが新聞で五十八歳の岡さんとなったり、ラジオの出演料がダイスケさんの事務所に入ったり、地方の落語会のチラシ写真がダイスケさんだったりといろいろありましたが、お会いして、とてもいい方だったのでよかったです。

広島―若者にもウケて

新宿のホルモン横丁は客層が広く、いろいろな地方の人から「うちにも出てくれないか」というお誘いを受ける話は前に書きました。「廣島つけ麺本舗ばくだん屋」というラーメンチェーンもその一つです。大山潤（おおやまじゅん）社長から声をかけていただきました。広島駅ビル内にお好み焼き屋「広島乃風」をオープンするので、そこで歌ってほしいということでした。お店の雰囲気とぼくの歌が合うと感じていただいたのだと思います。大川さんは熱い感じの方で、当日はお仲間を連れて、聴きに来てくれました。

広島では二〇一四年八月、原水爆禁止日本協議会（原水協）に呼ばれ、約一万人入る広島グリーンアリーナで歌ったこともあります。原爆の辛（つら）い歴史をしっかり学んでいるためか、若い人たちも多く、風刺に笑ってくれたのが強い印象として残り、もっとこういう場を増やさねば、と思いました。広島にはその後、もう一度、おじゃましています。

憧れの拓郎の出身地でもあり（生まれは鹿児島県）、感慨ひとしおです。広島は銭湯や飲み屋さんで一人でいても、楽しく心地よいまちでした。

高知―自由民権の地で『スーダラ節』

二〇二〇年、高知市の自由民権の関係から公演の話がありましたが、新型コロナ感染拡大で残念ながらなくなりました。それ以前に徳島で仕事があったときに、足を伸ばして高知市の自由民権記念館に寄ったことがあります。板垣退助、植木枝盛などの業績が紹介されていました。

夕方、一時間かけて市の中心部を歩き、呑み助の気持ちを誘うような、しかも場合によっては歌う機会もありそうな店を探すも見つからず、やや離れたところに感じのいい小料理屋さんを見つけました。「食酒処なむ」といいます。絶対に一見さんの入りそうもない構えです。引き戸を開けて中に入ると、先客の男性が一人いて「若いのにこういう店に入るなんて珍しい」と言われ、「自由民権の勉強のために来ました」と言うと、「そういえば、その辺にあるね」ぐらいの感じでした。リュックから顔を出している楽器に興味をもたれたようで、「一曲聴きたいねぇ」ということになりました。しばらくすると、女性のお客さんがやってきました。『民権数え歌』では反応が悪く、『スーダラ節』に替えるとすごく乗ってきて、しまいに「好きに飲んで食べてね」と勘定まで済ませてくれました。

なにを食べてもおいしい店で、ママさんとはハガキのやり取りをし、新型コロナが落ち着いたら高知の仕事を入れ、また顔を出したいと思っています。

福岡―ちんどんでおじゃまを

大衆芸能をかける嘉穂劇場（福岡県飯塚市）の前でちんどんをやったことがあります。中西和久さん（「京楽座」主宰）のお祖父さんが旅の一座を組んでいたのを再現ビデオにし、NHKが放送しました。プロデューサーの西世賢寿さんは、大衆芸能を丹念に追いかけて作品化される方で、それに関して本も書かれています。

ぼくがCDを出しているレーベル「オフノート」とご縁のある方で、三味線を弾く人間を探していて、そちらからぼくに話が来ました。東京・目黒で桜の下の宴会のシーンを撮り、カンカラ三線を弾き、歌いました。

嘉穂劇場の前では、ちんどん屋さんに扮して練り歩いたところを撮りました。そのときは三味線を弾きました。出来上がりを見ると、花見のシーンが見事に全カットされていました。

博多で二日泊まり、NHKのディレクターさんと先に帰りましたが、まだ時間があるので、有名な屋台に飲みに行くことにしました。タクシーの運転手さんが言うには、川沿いは値段が高いのだそうです。あるところで、「こっち側はせっけん屋です」と言うので、「せっけんを売る店が多いんですか」と尋ねると、「ソープ（風俗店）ですよ」とのこと。

博多の地口（言葉遊び）なのか、面白いことを聞きました。

連れていってくれたのが、やや中心から離れた屋台の「あきちゃん」という店。一緒のディレクターがすごいのは、すぐにお客さんに「東京で歌っている岡さんです」とぼくのことを紹介し、マスターから歌う許しが出たことです。あとで入ってくるお客さんのリクエストなども受けて、大いに盛り上がりました。結局、勘定をお客さんがもってくれたので、お礼を言って、カンカラで『星影のワルツ』を歌いながらタクシーに乗りました。

マスターはぼくが渡した名刺を、すぐに柱に画びょうで留めてくれました。数年後、東京の知人が「博多にどこかいい店がないかな」と言うので、そのお店を紹介したところ、柱にまだぼくの名刺が止めてあったと教えてくれました。

大分―演歌の歴史も語る

大分市の「コンパルホール」の明石百夏さんは、浅草・東洋館でぼくの舞台を見て、さらにネットで調べたりしたうえで、シニア対象の養命大学文化サロンに呼んでくださいました。二〇二〇年二月二十日のことです。明石さんは同ホールのイベントディレクターで、いずれの目標は、歌謡漫談のタブレット純さんとぼくの二人会とのこと（横浜にぎわい座では、この組み合わせで二回やっています）。

その日は、養命大学文化サロン九か月連続講座の修了記念のライブでした。三百人ぐらいの規模で、前年にはタブレット純さんが出ています。「バンドを組んでにぎやかにやってください」という注文は、ネットでぼくが小林君たちと組んでいるのを知ったうえでのことです。

「演歌の歴史にも触れてください」とのことでしたので、ありがたくそうさせていただきました。九十分のうち前半は演歌を中心にし、後半四十分を二胡の小林君、ゴロス（大太鼓）の北村隆英君と組んでやりました。

送り出しのときに、お客さんと握手をしましたが、新型コロナで送り出しが禁止になってこれが最後となりました。ある年配の方は、「いままでで一番面白かった」と言ってくださいました。たとえお世辞だとしても、うれしいものです。

おみやげを買うのにデパートに行くと、連れの二人が大荷物なのですぐに旅行客と分かるらしく、エレベーターですれ違いざまに、「どこから?」「おみやげはあっち」などと地元の方が気軽に声をかけてきます。大分の人はとても人懐っこいという感じです。

鹿児島―神社の祭礼で

鹿児島のイベント会社から霧島神宮（霧島市）のお祭りで歌ってくれないか、とお話がありました。全国紙のぼくの記事を見て興味をもち、木馬亭にも来てくださり、そこでライブの依頼がありました。

屋台は二十軒ばかり、ぼくは一軒一軒チラシを持って、「本日歌わせていただきます。お騒がせします」と挨拶に回りました。屋台のおじさんたちは「いままでこんなことをやるやつはいない」と喜んでくれて、店先にチラシを張り出してくれたところがありました。啞蟬坊の本を読むと演歌師はテキ屋さんの庇護を受けていたと書いてあります。そういうご縁を大事にしたいと思いました。

夜店の通りの脇の駐車場に小さな演台を設け、その前に椅子を並べ、食べ物などを買ったお客さんが三々五々座り、ぼくの歌に耳を傾けるという趣向になっていました。途中、雨が降ってもだれも傘をささず、じっと聴いている。なんて集中力のある人たちなんだろうと思いました。

鹿児島はもう一回、同じイベント会社を通し農協でのお仕事をいただきました。宿代、交通費まで出る仕事で、日帰り。次は夜の鹿児島で歌いたいです。

沖縄──いつか『辺野古かぞえ歌』を引っ提げて

カンカラ三線がなければ、いまごろぼくは何をしていただろうか。

つくづくそう思うことがあります。なぎらさん、高田渡さんを通して演歌というものを知ったわけですが、彼らは基調にカントリーなどを置いていました。ぼくはもっと源流に近づきたいと思いました。

たどり尽くせば明治の演歌師の無伴奏に行きつきます。土取利行さんは、バイオリンやギターだったら、ぼくのことは呼ばなかった、と言います。土取さんからは、「岡君は最後には無伴奏に行く」との託宣が下っています。ぼくは歌うほどに、ぼくの声は演歌に合っているとの思いを深くしています。

東京にいる沖縄の人、あるいは沖縄好きの人は、「カンカラ三線なら沖縄の歌を歌うべきだ」と言います。しかし、現地の酒場で会った人は、「民謡は聴き飽きた」と言います。民謡酒場などもたくさんあるから、文字どおり飽きるほど耳にする機会も多いのだろうと思います。

かえってぼくが、カンカラ三線を使って別の歌を歌っていることが新鮮だし、ありがたい、といった声を聞きました。もちろんぼく自身が民謡歌手の歌い方そのものが好きではないことも、これには関係しているのですが。

ぼくはマイクに頼らず、ビブラートを利かせないでまっすぐ歌うことが特長です。路上ライブ時代からそうやって歌っています。極端な話、いまもマイクを使ったら歌ではないと思っているくらいです。腹から歌うというよりも全身を楽器として響かせて歌うことを心がけています。サッカーで身体を鍛えたことが財産になっているな、と感じます。

レパートリーもいま流行り(はやり)の曲はほぼ入っていません。それがよいと思う人が歌えばいいのであって、ぼくがやる必要はないと思っています。民謡などもレパートリーに入っていません。どうも節(ふし)を回す感じが、ぼくの性分に合いません。

沖縄民謡では特例として島唄を一曲、レパートリーに入れています。登川誠仁(のぼりかわせいじん)さんの『国頭(くんじゃん)ジントーヨー』という曲で、言葉とその意味を一生懸命に覚えました。それはカンカラ三線に出合ったことの感謝とリスペクトの思いがあるからです。

沖縄ではカンカラは小学校で作り方、鳴らし方を教わるそうです。値段が手ごろで、工作しながら歴史を学べるため、小学校でも導入しているのではないでしょうか。第二次世界大戦後、三線の代理として発明されたものなので、普段の生活に戻れば、縁遠くなるのも当然だと思います。

だから、ぼくが本州にいて、演歌をカンカラ三線で歌っていることは、唯一無二の発達の仕方をしたということになります。ガラパゴス種の突然変異といったところです。

前置きが長くなりましたが、ぼくがただ一度沖縄の地に足を下ろしたのは、オフノートが浦添(うらそえ)のライブハウス「groove(グルーブ)」の支援のために二十人ほどのミュージシャンを募ったときでした。お客さんも募集したので、結構な人数で同地に乗り込みました。

二日間のライブで、ぼくは二十分の出演でお役御免となり、知人の実家（浦添）へ向かいました。泊めてもらえる約束になっていたからです。親戚の人まで集まって宴会となりましたが、ぼくの演奏が終わると、「では、本場の歌を」と三線を持参した三人の方が歌い出したのには、感激しました。さすが音楽の地、沖縄です。踊りの地とも思いますが、東京にいる沖縄の人は、「あれはテレビ用。そこまで踊らない」とのことでしたが、まさにそのとおりでした。

翌日、ちょっと離れた那覇市安里にオフノートの関係者がやっている「生活の柄」（高田渡さんの曲名から拝借したもので、元は山之口貘の詩）という店があったので、そこに寄らせてもらい、『憧れのハワイ航路』と『お富さん』を歌いました。うちなーぐち（沖縄方言）で歌った『お富さん』が好評でした。実は渡久地政信の作曲で、彼が沖縄の生まれであることはあまり知られていません。

カンカラ三線を授かった沖縄への感謝への思いをもち、いつか自作『辺野古かぞえ歌』を引っ提げて、またあの地に行きたいと思っています。

第五章

政治の過ちを風刺に変えてまっすぐに

松元ヒロさんに学んだ芸の姿勢

1——「それは権力に屈することになるよ」

絶滅危惧種の保護にも似て

あちこちで演歌を歌っていると、〝太い縁〟のようなものを感じることがあります。みなさんが一所懸命に、演歌のいのちをつないでくださっているような。

演歌には何かそういう〝秘かな力〟があります。磁力といってもいいかもしれません。ぼくなりにその〝力〟について考えてみると、逆説的かもしれませんが、商売として弱い、成り立ちにくい、ということがあるのではないかという気がします。だから、みなさん、思わず助けの手を差し伸べたくなるのではないでしょうか。

第一章で書いたように、そもそもの始まりが武骨(ぶこつ)で、エンタメ的ではありません。唖蟬(あぜん)坊(ぼう)が「演歌は商売ではないからレコードは出さない」と言ったのを見れば、そこら辺の事情が分かるはずです。

それにしても、です。直接的に主張する場がなくなって、人々の嗜好も変わり、演歌はほとんど知られない存在になってしまいました。ほそぼそと芸能の片隅で生きている感じです。

時の権力にものを申せば、肩身は狭くなるばかり。テレビからお声がかかるなどありえません。でも、お尻を見れば、まだ民権主張のしっぽが残っている。そこを絶やしちゃいけない、大事なんだ、と思ってくださる方々がいて、ぼくはおまんまを食べさせてもらっているのです。

絶滅危惧種の保護に似たようなところがあるかもしれません。

小沢昭一さん

その演歌を本当に大事に思い、ご自分でも歌われていたのが、異色の俳優、あるいはこちらのほうが有名かもしれません、約四十年続いたラジオの長寿番組「小沢昭一の小沢昭一的こころ」でナレーターを務められた小沢昭一さんです。啞蟬坊のことを「日本歌謡の元祖、シンガーソングライター」とおっしゃっています。

小沢さんに初めてお会いしたのは、二〇一〇年九月二十三日、全国のハーモニカ愛好者が東京・浅草公会堂に集まった「第三回全国ハーモニカ演歌サミット in 東京」でした。

小沢さんがハーモニカをなさるのは広く知られたことなので、当然その関係で出演なさったわけですが、ぼくは浅草ゆかりのゲストということでした。木馬亭、東洋館、アミューズミュージアム（二〇一九年三月三十一日閉館。ライブは「あさくさ劇亭」で継続）などに定期的に出ているので、浅草ゆかりと認定してくださったのかもしれません。そこで小沢さんのマネージャーの津島滋人さんにもお会いしました。

小沢さんは大の唖蟬坊ファンで、父親が鼻歌交じりに口ずさむのを耳にしながら育ったということです。知道さんから直接演歌を教わり、『ノンキ節』や『ストトン節』などを歌っていらっしゃったことは知っていました。実はかねてから小沢さんの次に演歌を継ぐのは自分だという自負のようなものもありました。

小沢さんが楽屋入りされたのを見計らって、主催者にお願いをし、緊張しながらご挨拶にうかがいました。楽屋でおそるおそる唖蟬坊の演歌をカンカラ三線で歌っていることをお伝えすると、カンカラに興味をもたれたようで「これは自分で作ったの？」と優しく語りかけてくださり、少しだけ気持ちがほぐれました。

どうしてもカンカラの胴部分にあたる缶の前面にサインが欲しくて、そう頼んだところ、「ここじゃ消えちゃうよ」と言いながら書いてくださいました。

小沢さんはステージやラジオでは饒舌ですが、楽屋では口数の少ない方でした。まし

小沢昭一さんと。「第三回全国ハーモニカ演歌サミットin東京」（浅草公会堂）、2010年9月23日

て本番前はなおさらです。実はお聞きしたいことは山ほどあったのですが、年下の芸人が目上の人に自分から話しかけるのはルール違反だとも知っていたので、そのときは後ろ髪を引かれる思いで少ない時間で楽屋を後にしました。

さっきまで寡黙だった人が、ひとたび舞台に上がると、水を得た魚というか、小沢さんはすぐにも観客のこころをつかみます。ハーモニカで一節を吹き、楽器にまつわる思い出も語られました。年輪を重ねた絶妙な間合いで、聴いている者を楽にしてくれる。千人の観客のどっかんという笑いの渦に包まれるのを目の当たりにして、やっぱりすごいなぁ、とため息が出ました。

小沢さんに再びお会いしたのは、二〇一一年九月、日本武道館で行われた「琴伝流大正琴第二十六回全国大会」にゲストで出たときでした。この大会は大正琴誕生百周年を記念したもので、小沢さんやぼくのほかに、谷村新司さんやさくらまやさんが出演されていました。

開演前にマネージャーの津島さんに楽屋に連れていっていただいたのですが、このときはすでに小沢さんは体調が悪そうでした。そんななかで「ちゃんと演歌をおやりなさい」と声をかけてくださったのです。短い言葉でしたが、いまも耳底にはっきりと残っています。このときのステージが小沢さんを拝見した最後となりました。

小沢さんは二〇一二年十二月十日、八十三歳でお亡くなりになりました。新宿区の一行院千日谷会堂で行われた葬儀にも顔を出させてもらいました。地方での仕事前だったため、葬儀の開始前に入れていただき御霊前に手を合わせ、「啞蟬坊と知道の演歌はぼくが継承していきます」とこころの中で誓いました。

お墓は浅草・今戸あたりから隅田川を渡って、土手を下りた先にある弘福寺（墨田区向島）です。小さなお寺ですが、それがなんだか小沢さんらしい感じもするのです。たまに手を合わせに行っています。

津島滋人さん

小沢さんとじっくり話ができなかったことはいまも心残りですが、小沢さんのマネージャーを約四十年も務められた津島さんは、当初からいろいろとアドバイスをくださり、助けていただいています。

津島さんは、先ほど触れた「ハーモニカ演歌サミット」でのぼくのリハーサルを見て、興味をもっていただいたようです。ステージの中央から動かなかったぼくに対し、次のようなアドバイスをくださいました。

「岡君は舞台の中心から動かないの？　小沢さんは半円のような動きをして、前方だけではなく後方の人たちにもまんべんなく見えるように気を配って、話しかけているよ」

そうか、お客さんからの見え方まで気を配るのか、と教えられました。大きな舞台に立ったことがなかったので、そこまでの意識がありませんでした。

後日、津島さんにお声をかけていただき東中野のポレポレ坐のカフェでお会いし、小沢さんが演歌を歌ってきた経緯などについてくわしく教えていただきました。小沢さんが元々は落語家になりたかったという話は有名ですが、後年、失われゆく大衆芸能にことのほか強い関心をもたれ、関連資料を収集・研究されていたことでも知られています。

小さいころに親の口ずさむ歌に演歌があったそうで、自然と唖蟬坊演歌も研究するようになったといいます。しかし、歌うときは自ら主張するよりは、演じることに徹した、と津島さんは言います。あくまで俳優小沢昭一だった、と。

「岡君も演歌を歌うなら、その時代のすべてを知らないと、歌えないはずだよ」

小沢さんが亡くなられたあと、小沢さんの「しゃぼん玉座」の事務所を片付けるときに声をかけてもらい、「ここの資料で興味あるものは全部持っていっていいから。演歌を歌うにはこれもこれも必要」と唖蟬坊・知道や演歌に関する貴重な資料を大きな紙袋二つ分いただきました。

小沢さんの息子さんが、小沢さんの死後、初めて書斎に入り、書棚の本を見ると、一冊一冊に付箋（ふせん）が入り、マーカーの線がびっしりと引いてあったといいます。父親がそんなにも勉強していたということを、息子さんはそのとき初めて知ったそうです。

津島さんは、こうもおっしゃってくださいました。

「小沢さんは演歌を昔の流行歌や伝統芸能の一つとして歌っているけど、岡君は本来の演歌の役割を伝えるため、現代を風刺した新しい歌詞で歌っていかないと注目されないよ」

この助言がきっかけで、新作を作ることをかなり意識するようになりました。津島さんのようにはっきり言っていただける機会はそうないので、ありがたく思いました。

津島さんは二〇一二年十月十三日の浅草の木馬亭独演会にも来てくださり、このときも貴重な助言をくださいました。

「岡君の舞台は、ステージと客席にガラス板があるように壁がある。声も通るんだし、楽器を持って、客席に下りて後ろまで歩いていって歌えば、みんな注目して、入り込んでくれるよ」

その後、言われたとおりにやってみると、お客さんの反応が強くなりました。あるときは、「歌うだけではなく、語れないとだめだよ。曲数を減らしていいから語れ」とも。

二〇一八年三月には津島さんの仲介で、「明治１５０年」の行事で、愛知県犬山（いぬやま）市にある「博物館明治村」で演歌の歴史を説明しながら歌わせていただきました。一回三十分のステージを一日三回、計六回やりました。

津島さんは、ぼくにとって演歌の厳しい先生のような方。津島さんに褒めてもらったことがないし、毎回勉強が足りないと言われていますが、津島さんの言葉は小沢さんからの伝言だと思ってありがたく聴いています。

木村聖哉さん

『添田啞蟬坊・知道――演歌二代風狂伝』（リブロポート）を書かれた木村聖哉さんは、二〇〇六年十二月に知り合いの紹介でお会いしました。当時、木村さんは「啞蟬坊の演歌はもう終わった」と思っていたそうで、若いぼくが継承して歌おうとしていることをすごく喜んでくれました（そのころはまだ、土取利行さんも演歌を歌っていませんでした）。木村さんは生前の知道さんにも会っていて、木村さんの著書は添田親子を知るうえで非常に役立ちました。

毎年十月の木馬亭独演会にも欠かさず来てくださって、その都度、手紙で率直な意見をいただいています。津島さんや木村さんは本来の演歌を知っている方たちです。期待してくださっていることも肌で感じているので、精進していかないといけないなと思っています。

このお二人には二〇一四年三月二十七日にポレポレ東中野（東京都中野区）で「今よみがえる啞蟬坊―明治・大正の演歌師・添田啞蟬坊 没後70年」という会を開いていただきました。第一部は木村さんが啞蟬坊の生き方を講談にした『添田啞蟬坊略伝』を田辺鶴瑛（たなべかくえい）先生が語り、その後、木村さんが啞蟬坊父子についてトークを行いました。ぼくは第二部で啞蟬坊演歌をたっぷりと六十分歌い、震災後だったこともあり、原発問題の風刺を数多く盛り込みました。

ステージ構成をどうするか、すごく悩んだのですが、歌の合間に演歌をめぐる時代背景を挟むようにしました。二人はあえてぼくが考えなければいけないような試練を与えてくださったのだろうと思います。お客さんの反応もよく、以来、演歌をじっくりと聴いてもらうときの構成の基盤となっています。

ちなみに、この会に松元（まつもと）ヒロさんが津島さんの誘いで来ておられ、初めてご挨拶することができました。

永六輔さん

永六輔（えいろくすけ）さんに初めてお会いしたのが二〇一一年七月のこと。TBSの「土曜ワイドラジオTOKYO 永六輔その新世界」で、知る人ぞ知る演芸プロデューサーの木村万里（きむらまり）さんが、旬の芸人を紹介するコーナーがあり、そこに出演させていただきました（木村万里さんについては、このあとに詳述します）。

永さんは晩年、パーキンソン病を患い、歩行が難しくなり、車椅子で過ごされていたようですが、このときはまだお元気でした。

放送作家のさきがけであり、名曲『上を向いて歩こう』の作詞家として、作曲家中村八大さん、歌手坂本九さんと六八九トリオで活躍されたり、名作映画を一人で演じるマルセ太郎さんのような芸人さんを秘かにバックアップしたり。もちろんラジオのパーソナリティーでもあり、本当にマルチに活躍された人だと知っていましたが、ぼくの年齢では、テレビ番組「徹子の部屋」で、黒柳徹子さんと軽妙なおしゃべりをされていたイメージが強くありました。

永さんのラジオは打ち合わせがなく、ぶっつけ本番。やや緊張しつつ放送ブースに入りました。木村万里さんが、ぼくが流しで配る曲のレパートリーを書いたチラシを永さんに渡して、ぼくのことを紹介してくださいました。

演歌をやっていることを「珍しいね」と感慨深そうにおっしゃっていました。永さんはまずカンカラ三線で歌っていることに反応してくださいましたが、この楽器の歴史については先刻ご存じで、詳しく説明してくださいました。永さんから演歌を何か一曲とリクエストがあったので、東日本大震災の直後ということもあって、『復興節』を歌いました。お渡ししたレパートリーにあった『上を向いて歩こう』や『いい湯だな』について、「これもぼくの作詞だね」と満足そうでした。『遠くへ行きたい』については、「東北へ行きたいって歌えばいいんだ」とおっしゃいました。

永さん作詞でデューク・エイセスが歌った『おさななじみ』、その続編の『おさななじみ…その後』もぼくの大好きな曲で、そう言うと、とても喜んでくださいました。長い歌なので、そのときは何番かをピックアップして歌いました。

永さんは昔から小沢昭一さんと仲がよく、ぼくがご一緒したと言うと、こころからうれしそうでした。それから桃山晴衣さんとその伴侶である土取利行さんの話になりました。桃山さんは三味線弾き唄いで、永さんのラジオ番組に出たことがあり、土取さんとも面識があったため、「あなたはいい人とめぐり会ってるね」とおっしゃってくださいました。

ぼくはそのときちょうど三十歳でしたが、「岡君の年齢だと、演歌を君ひとりで伝えるのは大変だ。こぶしの演歌は本来の演歌ではない、なんて言われても、親世代からすると子どもに説教されている気になるんじゃないか」。そして、少し冗談めかしながら、「小沢昭一を師匠にしなさい」。ぼくがもじもじしていると、「小沢昭一の弟子ですって言っちゃえばいいんだよ」と重ねておっしゃいました。それはぼくとすれば大いにうれしいことですが、当時小沢さんもご存命で、簡単にハイとは言えず困っていると、永さんはいたずらっぽく笑っていました。

終演後、万里さんに「永さんを木馬亭のゲストに呼べばいいのよ」と言われましたが、さすがに畏れ多くてそんなことはできませんでした。たった十分の出演だったものの、本当に貴重な時間をいただきました。大先輩、大先達にお会いできたのは大光栄でしたが、久しぶりにずっと緊張しっぱなしでした。

この日は、山谷やその周辺で暮らす日雇い労働の人たちや野宿をしている人たちが楽しみにしている「山谷夏祭り」の当日でした。ぼくはチラシにも携帯電話番号を載せていますが、夏祭りとライブの宣伝のため、番組の女性アナウンサーがリスナーに伝えてくれることになりましたが、「(電話番号を公開して) 本当にいいんですか」と言いながら紹介しました。

一般のリスナーから「よかった、頑張って」という感想の電話が次々届き、祭りの場でも出演を報告したら、わぁーっと沸いたので、気持ちよく『上を向いて歩こう』を歌いました。山谷の支援者の方からも「岡君、有名になったね」と言われ、たった一回ですが、山谷の人たちのぼくを見る目が変わった気がして、永さんの影響力の大きさをひしと感じた一日でした。

しばらくして万里さんが長く続けている下北沢の会「渦(うず)」に出演したときにも、永さんが見に来てくださいました。『ストトン節』の風刺も、「この歌（ストトン節）を一緒に歌っていただけるのは、老人ホームだけなんです」のトークも、思いのほかウケていたようです。

歌っていて感じたのは、永さんの歌詞は子どもの気持ちでさえよく理解して作られているということです。『上を向いて歩こう』にしても、諸説あるようですが、小学生で疎開(そかい)していたときの思い出をもとに作った歌だとご本人からお聞きしました。それを八大さんが作曲し、九ちゃんが歌うことで、壮大な歌にしてしまった、という言い方をなさっていた。

永さんの曲はこれまでも多くの人が歌っていますが、優しい言葉にこまやかな感情を盛り込んだ、庶民のための歌ばかり。人の弱さに寄り添うことのできる歌だからこそ、多くのヒットが生まれたのだと思います。ぼくもきちんと歌い継いでいきたいと思います。

その永さんも、二〇一六年七月七日にお亡くなりになりました。

金子兜太さん

俳人の金子兜太(かねことうた)さんにお会いしたのは、都内の市民団体「下町人間の会」の二〇一五年「下町人間庶民文化賞」の表彰式でした。市民が、下町文化の興隆に貢献のあった人に贈る、というユニークな賞で、金子さんも受賞者のお一人でした。

ぼくは東京新聞も読んでいるので、金子さんのことは「平和の俳句」投稿欄の選者として知っていました。戦争経験者として戦争や平和のことをずっと考え続け、俳句にも詠まれた人なのだろうと思います。

ぼくはその会のゲストとして、『ストトン節』や『ダイナマイト節』を歌いました。金子さんは車椅子で最前列で見てくださっていて、すごく喜んでくださいました。あとでご挨拶にうかがったときには、ぼくの手を力強く握り、「いい仕事してますね。頑張ってください」と言ってくださいました。

ぼくは俳句のことは勉強不足ですが、金子さんの「頭痛の心痛の腰痛のコスモス」という句が好きです。下町に住む知人から教わったものです。この句ではコスモスという可憐な花への共感と自分の弱さを重ね合わせているように感じます。しかも、弱さだけではない、小さくきちんと生きる生命みたいなものへの敬意も感じます。

金子さんの安倍政権への批判には、コスモスのような存在である庶民をないがしろにするな、という思いがあったのかもしれません。金子さんのそういう姿勢は啞蟬坊にもつながるものがあるように思います。

知人が連れていってくれた西浅草の小料理屋さんの壁には、金子さんが書かれた「アベ政治を許さない」の文字が張り出されていました。呑んでいると、いやでもそれが目に飛び込んできました。いまでも金子さん（二〇一八年死去）のメッセージは生き続けています。

松元ヒロさん

ぼくが松元ヒロさんに初めてお会いしたのは、前述したように、二〇一四年三月二十七日にポレポレ東中野で行われた「今よみがえる唖蟬坊」という会でのことです。ザ・ニュースペーパーという政治風刺をやるグループの元メンバーで、ピンになって十六年ということでした。

小沢昭一さんのマネージャーの津島さんが「若い子で風刺をやる子が出てきたから、見ておいたほうがいいよ」とヒロさんを誘ってくださったようです。ぼくはヒロさんのことを知りませんでした。終演後にお会いし、「勢いがあっていいね。どんどんやってよ」と手を握ってくださいました。

その後、お客さんの誘いで、ヒロさんが毎年新宿の紀伊國屋ホールで開いている恒例の一人会「ひとり立ち」を見に出かけました。ヒロさんはスーツ姿で登場し、パントマイムを交えた漫談で、当時話題になっていた公選法違反の徳洲会事件や米軍機オスプレイの導入など、社会的あるいは政治的なネタをやっていました。そして安倍政権について「みんなで倒しましょう！」と力強く言ったあとに「私は陰から見てます」と笑いをとる。ぼくは正直、こんなにも風刺でウケるのかと、すごく驚きました。

真剣に訴えるところは訴え、ふっと力を抜いてから冗談をはさんで風刺するなど、その緩急の付け方が絶妙なのです。自分を決して高みに置かず、常に普通人の位置に戻る。多少の正義感もあるが、小心で、もの欲しげで、付和雷同的なところのある普通な人を演じる。だけど、自由や愛やまともに生きる権利などが押しつぶされそうになったときは立ち上がる――そういう普通人です。批判の矢が鋭くても、言われた当人がつい笑ってしまう、敵味方みんなを巻き込んでしまう話芸。「自分もこんなステージを演歌でやれたら」と思うようになりました。

終演後、その思いを伝えようと楽屋にご挨拶にうかがいました。ヒロさんはぼくよりもふた回り以上年上なのに、非常に低姿勢の方です。その謙虚さを何よりも学ばなければと思いました。

いつか共演させていただきたいと思っていたところ、木村万里さん主催の「渦」で実現しました。昼と夜の二部制で、ヒロさんが昼の部でぼくが夜の部。その合間にばったり会って、食事に誘っていただきました。

実はそのとき、仕事のことで悩んでいました。ある組合のイベントで自民党の区議会議員の方が観客で来ていて、演歌を歌ったらすごくウケたし、その方も「面白いの作るね」と笑ってくれた。ただ、ぼくを呼んでくれた人から「政治家の前でこういう感じなら、もう呼べないよ」と釘(くぎ)を刺されてしまいました。ヒロさんに、

「そういう場では風刺じゃない曲にしたほうがいいんでしょうか」

と聞きました。そうしたらヒロさんから、

「それはだめだよ。そのままやり続けないと、それは権力に屈することになるよ」

という答えが返ってきました。自分も内心では変えるつもりはなかったのですが、ヒロさんからのだめだしが欲しかったのです。そのきっぱりした言葉をいただけたのは大きかった。「でも、ぼくは責任もたないけどね」と笑いながら言われてしまいましたが。

ヒロさんは一人芝居のマルセ太郎さんを敬愛なさっていて、マルセさん本人から「思想のない芸は見たくない」と厳しく言われたことが励みになった、とおっしゃっています。

ヒロさんとは、その後も一緒に舞台に立たせてもらえる機会が少しずつ増えていきました。啞蟬坊が住んでいた神奈川県茅ヶ崎(ちがさき)市での公演後、電車で一緒に帰ったときのこと。

「その芸はどうやって作り上げているんですか」と質問すると、

「ぼくの芸は自分で作ったというよりは、むのたけじさんなど昔の人たちが言ってきた言葉を模倣(もほう)し、みんなの前で披露しているだけ」

とおっしゃる。むのたけじは孤高のジャーナリストで、ヒロさんによれば、「いまの記者は自分をメディアと言う」と批判したそうです。

ヒロさんの言葉は謙遜だとは思いますが、ぼくの芸や歌に生かせるように思いました。一流といわれる人はみなそうかもしれませんが、ヒロさんはどれだけウケても反省ばかりしています。帰りの電車で二人になると、「間が悪かったかな」とか「もっと笑いがとれたのに」と振り返っています。ぼくは「今日はよかった」と満足することも多いのに。

ヒロさんは同じ風刺の演芸ということで大きな目標にしている人です。しゃべり方も意識してまねしているのですが、ただ早口になるだけで、その妙技がつかめるのはいったいいつになることやら。あのふっと普通人に戻す時の間、いつまでも追いかけていきますので、よろしくお願いします。

ヒロさんとともに参加しているのが「芸人九条の会」で、国に戦争をさせず、笑いのある平和な社会を目指す集まりです。憲法集会で歌っているぼくを見た発起人の古今亭菊千代師匠が「こんな芸人さんもいるんだ」ということで、お囃子の恩田えりさんを通してお誘いをいただき、参加しました。現在は約二十人の芸能人が参加していて年に一、二回会を開いていますが、これまでで一番風刺がやりやすい会だと感じています。これからもネタ作りに集中して参加していきます。

木村万里さん

ここまで何度かお名前を出させていただいた木村万里さんのこと、やっと語れます。立川志の輔師匠が飛行機の機内誌でぼくのことを見て探してくださったときに、つないでくださったのが「渦産業」という名で多くの演芸会を企画している演芸プロデューサーの木村万里さんでした。

万里さんとは、ボーイズ・バラエティー協会に入った二〇〇九年、協会でお世話になっている漫談の寒空はだかさんのライブでお会いしたのが最初です。まだ落語家の方との仕事がほとんどないときでした。

あとから知ったのですが、万里さんはいち早く面白そうな若手の芸人を見つけて抜擢する「お笑いの目利き」として有名で、春風亭一之輔師匠や桃月庵白酒師匠などにも早いうちから目をかけていらっしゃった方です。

志の輔師匠に呼んでいただいたのも万里さんが企画した独演会でした。

その後も万里さんを通していろいろと落語家さんの会に呼んでいただけるようになって、次第に万里さんがすごい人だということが分かってきました。普段はニコニコとしている気さくなおばちゃんという感じですが、万里さんが手がけた会は毎回出ている芸人さんが充実し、客席も満員で爆笑になる。ぼくは手抜きのできないタイプですが、万里さんの会に出るときはとくに「今回が最後だろう、もう呼ばれないんじゃないか」という緊張感があり、その十五分から二十分は全開でやるようにしていました。

そのうちに、一緒に出演した方や勉強のためにのぞきに来た落語家さんとつながりができていき、演芸方面の仕事が格段に増えていきました。落語家さんとのお仕事のときはなるべく、出番前に舞台袖で噺を聴くようにしています。それは話の間を自分の芸にも落とし込みたいからです。

万里さんはなぜこんなに気にかけて呼んでくれるのだろう、常々そう思っていたのですが、あるとき、「岡さんの芸は落語のじゃまをしないからね」と言ってくださって、なるほどと思いました。また、飲みに連れていってもらった別の機会に、ふと遠くを見ながら「芸人は屈しちゃいけないのよね」とひと言。めったに褒めも叱りもしない方ですが、そこが怖いところ。何気ないひと言に重みがあるんです。

万里さんは、「岡君のほかに演歌をやる人がいないんだから、どんどん新しい演歌を作らないといけない」と言います。『ストトン節』や『ノンキ節』のような明るい歌のほうがぼくに合っているし、カンカラにも合う、とのこと。そのほうが若い人に伝わる、とアドバイスをくれました。

万里さんが気にいってくれたネタがあります。カンカラ一本で百歳まで歌い、人間国宝の声がかかったときに「国に認められるほど落ちぶれちゃいない。これが本物の演歌師」というやつです。

万里さんの「渦」では風刺を利かせた芸人さんを多く起用されています。いまは体調が優れないようでぼくも心配していますが、本来の芸能も権力への抵抗や庶民の叫びだということを、万里さんからも学ばせていただきました。

神谷一義さん

神谷一義さんはルポライター竹中労を「師匠」と呼んでいます。竹中労には唖蟬坊を扱った、かわぐちかいじの挿絵による『黒旗水滸伝』（皓星社、二〇〇〇年）という作品があり、そのなかで唖蟬坊はてき屋の頭領たちと交流があった、としています。竹中労の『断影　大杉栄』（ちくま文庫）には唖蟬坊の言葉や詞がいくつか記されています。

神谷さん主宰のレーベル「オフノート」から、竹中労監修『日本禁歌集』というCDが復刻され、そのジャケットを竹中の父親英太郎による妖艶な女性の絵が飾っています。

ぼくは二〇〇七年にサックス奏者の中尾勘二さんから「主宰の神谷一義さんは岡君のこと絶対好きだと思うよ」と紹介してもらいました。

池袋のロサ会館で開かれたオフノート関連のミュージシャンが集うイベントに、ぼくと二胡の小林君も参加しました。オフノートからＣＤを出しているミュージシャンの会だったのですが、その前からライブの録音テープは神谷さんに渡しずみだったので、おまけということで参加させてくれたのです。

オフノートでは大工哲弘さんという沖縄出身の唄者が『ウチナージンタ』というアルバムを出し、そこに啞蟬坊の歌が何曲か入っていたのを、ぼくは知っていました。神谷さんと飲むようになって、ぼくがしきりに啞蟬坊の話をするので、神谷さんは前々から高田渡さんで啞蟬坊のアルバムを作ろうと考えていたこともあって、幸いにもぼくでいこうとなったのです。

ＣＤのセールスとしてはレコード店売りと自分で手売りするのと二つの方法があるわけですが、ぼくはたとえ一枚でも自分で売った分は神谷さんに報告しました。そんなことも評価してくれたのか、『かんからそんぐ』はⅡ、Ⅲと続き、Ⅱは「詩人・有馬敲をうたう」、Ⅲは「籠の鳥・鳥取春陽をうたう」というテーマになりました。

オフノートは知る人ぞ知るレーベルなので、地方へ行って、そこからＣＤを出してます、と言うと、「おおっ」という声が聞こえます。もともと「ディスク・アカバナー」シリーズ第一弾でネーネーズのファーストアルバム「ＩＫＡＷＵ」を出して、売れに売れたことが出発点だと聞いています。

神谷さんはお酒が入っても政治的な話は一切しません。いつも音楽、音楽、です。ご自分では歌ったり、演奏をなさらないので、だれに何を歌わせるか、だれとだれを組み合わせるか、つぎに何を出すか、そういった企画に賭けてきた方です。その音楽的感性は演者から一目置かれています。

そんな人のそばで飲んでいるだけで、ものすごく勉強になります。

布目英一さん

横浜には六百軒近くが軒を並べる一大飲み屋街である野毛があります。桜木町の駅から来ると、日ノ出町に向かう通りの左側に飲み屋街、右手に「横浜にぎわい座」があります。ぼくは二〇一九年から「岡大介のカンカラはやり歌」という名の独演会をやらせていただいています。

三代目館長の布目英一さんは、浅草の東洋館でぼくのことをご覧になったのが最初だそうです。ボーイズ・バラエティー協会の五十周年のイベントでした。館長になるまえから「にぎわい座」の演目の企画・実践に関わっておられて、明治・大正演歌をいつかやりたいな、と思っておられたようです。

布目さんは、歌謡漫談のタブレット純さんとぼくとの二人会「ごきげん歌謡ショー」を企画したり、爆笑演芸会と銘打ってテツ and トモ、ねずっちさんなどの有名どころにぼくを混ぜたりと、いろいろと準備をしたうえで、ぼくの独演会に持ち込んでくれました。一回目のときには、最初に布目さんが演歌の歴史、成り立ちを説明してくださいました。演歌を大事に思ってくださっているお気持ちが分かったような気がします。二回目からは、ぼくがその部分もやるようになりました。

布目さんとお酒をご一緒する機会が多いのですが、ぼくがプロダクションに属さない一匹狼であることを評価してくださっています。芸能に携わる人間が世相風刺、政治風刺をしないで、忖度してどうするんだ、とおっしゃいます。

にぎわい座がはねると、近くの「Bar ごっつぁん」にお客さんと移動するのですが、お客さんから「岡さんの歌はスカッとする」「気持ちが明るくなる」といった感想を言われたことがあります。「仕事では政治の話はできない。岡君はガンガンやってくれるから、手が痛くなるほどたたいてしまう」と、うれしいことをおっしゃる方もいます。

布目さんは、厳しくて、優しい師匠です。大先輩なのにぼくの話をよく聞いてくれます。布目さんの「添田親子は日本語の美しさを生かした歌づくりをしている」という言葉に同感です。「岡君ならその魅力が伝えられる」とありがたくも期待してくれています。

2――落語を知って広がった世界

立川談志師匠

木村万里さんとのつながりで落語家さんとのコラボが始まった話をしましたが、ここからは話をそちらに絞って展開していこうと思います。

まずは、直接はお会いできませんでしたが、立川談志（たてかわだんし）師匠の話を。大変畏（おそ）れ多いことですが、ぼくの舞台を見て、評価してくださったようなのです。

国立演芸場で毎年恒例の「大演芸まつり」というイベントがあります。いつも五月の連休のころに開催されます。落語や講談、漫才、奇術などさまざまな演芸団体が集（つど）う大きな催しです。今日が落語協会なら明日は漫才協会がやるというように、各団体が日替わりで興行を行います。

ぼくが所属しているボーイズ・バラエティー協会もそのうちの一日を受け持ちます。二〇一〇年に初めて出演したときのこと。トップバッターとして十五分間、寄席用の構成で、『憧れのハワイ航路』や『十九の春』『ノンキ節』『東京節』などを織り交ぜて歌い、ステージを下りました。会場が満員でまったく気付きませんでしたが、その中に談志師匠がいらっしゃったそうなのです。

ご存じの方が多いと思いますが、談志師匠は何でも博覧強記の人で、古い歌謡曲やボーイズ漫談にも造詣が深く、「玉川カルテット」や「灘康次とモダンカンカン」「東京ボーイズ」など協会の大先輩とお付き合いがあり、よく舞台を見に足を運んでおられたと聞きます。

その日も終演後、師匠はモダンカンカンのメンバーと雑談されたそうで、そのときに、「おまえのところのカンカラのやつ、アイツいいな！」と褒めてくださったそうです。ただし、続けてニヤリと悪い顔をして、「アイツ、これから落ちたり落ちたり落ちたりするだろうけど、頑張って続けてほしいな」とまさに師匠流のエールを送ってくださったとあとから教えてもらいました。

まさか、とびっくりしました。辛口で鳴らし、雲の上の存在でもある方からの言葉です。師匠と生前にお会いできなかったのは残念でしたが、このひと言をいただけたことが貴重でありがたく、やっていることは間違っていないと自信になりました。「演歌は大変だ」というのは談志師匠ばかりか、みなさんおっしゃいます。師匠の場合は、幾多の例を実際に見てこられた感想かもしれません。

　身につまされて、頑張らなきゃな、とほぞを固めたことを思い出します。

立川志の輔師匠

　いまでこそ、「色物（いろもの）」としてたくさんの落語家さんの独演会などに呼んでもらえるようになりましたが、そのきっかけを作ってくださったのが、立川志の輔師匠でした。

　二〇一〇年、まったく面識がなかった志の輔師匠から成城ホール（世田谷区）で行われる独演会に出ないかというお誘いが届きました。当時、失礼ながらＮＨＫのテレビ番組「ためしてガッテン」（現・ガッテン！）の司会をやられているというくらいの認識しかありませんでした。当日、楽屋でご挨拶をさせていただくと、ニコリと笑って「いやー、岡君のことを探していたんだよ」とおっしゃる。

　頭の中にハテナマークしか浮かびませんでしたが、マネージャーさんによると、師匠が飛行機で故郷の富山県に移動する途中、機内誌にぼくの独演会のことを書いた記事が載っていたのをご覧になり、「この子を探して」となったそうです。そのマネージャーさんから木村万里さんに話が行き、それでぼくに連絡が来た、という次第です。

ぼくもいまでこそ千人以上の会場で歌うことも増えましたが、当時は四百人という大勢の前で歌うのは初めてでした。

成城ホールのあとの打ち上げで、師匠に「カンカラで歌っていいですか」とお聞きしてオーケーが出たので大いに歌い、盛り上がりました。チラシにサインまでしていただき、なんて恐ろしいことをしていたんだ、と思います。

志の輔師匠はご自分の独演会にフレッシュな芸人を抜擢されることも多く、横浜にぎわい座での昼夜公演にも呼んでいただきました。師匠からは、

「学生服が似合いそうなのに、だれもやらない明治・大正演歌をカンカラ一本で歌い、自らジャンルを作ったのだから大したもの」

と、おっしゃっていただいています。身に余る光栄です。

当日、師匠の落語を聴かせていただいたのですが、新作落語の『買い物ぶぎ』は抱腹絶倒。恥ずかしい話ですが、当時は落語といえば「笑点」ぐらいしか思いつきませんでした。お笑いは好きだけど古典落語は難しいし、堅苦しいというイメージがあり、敬遠していたところがあります。しかし、師匠の噺を聴いて、落語の面白さに目覚めました。しばらくいろいろな会に呼んでいただき、カンカラ演歌に新しい世界を見させていただいた志の輔師匠に大感謝です。

三遊亭兼好師匠

やはり木村万里さんに引き合わせていただき、かわいがっていただいているのが、三遊亭兼好師匠です。二〇一一年七月、銀座の博品館劇場で行われた落語会で初めて万里さんから紹介してもらいました。

親しくさせていただくきっかけは、二〇一一年八月二十日、万里さんの友人が企画した石巻グランドホテルでの復興支援イベントに一緒に呼んでいただいたことでした。だれを呼ぶかと考えたときに、明るい芸風の兼好師匠と石巻によく足を運んでいたぼくとに決まったようで、二人はウマが合うと思ってくれていたようです。

開演前に、以前に群馬のスーパーの入り口で行われたイベントでぼくのカンカラ三線が灰皿代わりにされたことを話したら、兼好師匠はすごく面白がってくださって、

「普段の生活で面白いことがいっぱいあるんだから、それを書き留めておけばいいよ。その話をちょっと盛ればネタになるから」

とアドバイスしてくださり、実際に高座でネタにされていました。

「岡さんが以前お祭りに仕事で行って、戻ってきたらカンカラを置いてあった机のまわりに人だかりができていたそうです。人をかき分けていったら、裏返しになった缶に吸い殻が山盛りになってたそうです」

これで爆笑です。ぼくも後日、ありがたく自分の鉄板ネタにさせていただいています。その日は仙台の店で打ち上げをしたあとに、兼好師匠や万里さんらと新幹線で東京へ戻りました。師匠にぼくが酒好きなことを言うと、ワンカップや缶ビールを袋いっぱいに買い込んできてくれました。新幹線でちびちびやりながら、話もはずんで楽しく帰ってきたことを思い出します。

その後、兼好師匠が毎月開いている会にゲストで呼んでくださったり、地方でご一緒する仕事もずいぶんいただきました。師匠の芸はとにかく明るくて、人にパワーを与え、そしてだれにでも好かれる。ぼくもすっかりファンになりました。

兼好師匠に言われてこころに残っているのが、「岡さんの芸はほかにはないし、四十分完全に面白いことができれば一生食べていける。色物の芸人さんはどこでも確実にウケる鉄板ネタを二つ、二十分ずつやればいい」という言葉です。これが、実は本当に難しい。笑いについて真剣に考えるようになったのは兼好師匠のおかげです。

お弟子さんによると、師匠は自分が勉強したり努力したりしている姿をまったく見せないそうです。そこがすごくかっこいい。師匠はイラストを描くのも、すごくうまい。ぼくがよく行く地元の居酒屋「鳥しげ」（東京都武蔵野市）のご夫婦が兼好師匠のファンになり、色紙をお願いしたら、見事なお地蔵さまの絵と筆文字「喜べば喜びごとが喜んで喜び

木村万里さん、三遊亭兼好師匠と。石巻グランドホテル、2011 年

あつめて喜びにくる」をさらさらっと書かれた。横からぼくにくださいとつい言いたくなるほどです。そのときの印象が強くて、ぼくの初フォークアルバム『にっぽんそんぐ』（二〇一八年）のジャケットの絵を、師匠にお願いしました。

師匠はぼくのことを「カンボジアのおみやげの人形みたいだ」と言います。「岡君のその愛嬌が最大の武器だ」とも言ってくれます。

舞台でさらに成長するため、師匠にはこれからもたくさん学ばせていただきます。

林家たい平師匠

林家たい平師匠とは変わったところで顔を合わせました。二〇一五年五月、お世話になっている東京・中野のモツ焼き屋「いちふじ」で偶然にお会いしました。たい平師匠がここの常連ということはママさんから聞いていましたが、遠慮して、しばらく声をかけずにいました。

ママさんが気を遣って、「たいちゃん、たい平さんとお話ししたいんじゃないの」と紹介してくれたので、ぼくはさっと立ち上がりご挨拶をしました。カンカラ三線をお見せし、活動を説明して横浜にぎわい座の館長である布目英一さんが東京新聞に書いてくださったぼくの記事も見ていただきました。

「まだ岡さんが実際にどういう芸をやるか拝見していないけれど、こういう出会いを大切にしたいんで、翌月のにぎわい座、ゲストで出てくれる？」

と独演会に誘っていただきました。その日は『ノンキ節』や『あああわからない』など演歌の風刺をバンバンやったら大きくウケました。当時は国会で集団的自衛権をめぐって、喧々囂々（けんけんごうごう）やっていたので、それを取り上げました。たい平師匠も噺のなかで集団的自衛権をネタにして合わせてくださって、ぼくとしては大いに助かりました。

終演後の飲み会は、近くの居酒屋さんの二階でした。たい平師匠から「うちのお客さんは風刺とか大好きだから」と盛り上がったことを喜んでくださいました。師匠の会の常連さんはこの店で打ち上げをやっているのを知っていて一階で飲んでいます。師匠は下までビールを持って挨拶に行かれたのですが、しばらくしたら戻ってこられて、

「大介、気に入られているから、楽器持って下に来い」

と、お客さんたちに紹介してくださいました。そしてお客さんに「若いやつには金だ、金」と、投げ銭を催促までしてくださいました。

浅草や石巻でもばったりお会いしたことがあります。縁があるんでしょうか。忘れられないのは、二〇一七年一月のこと、週末は何かしら仕事が入っていることが多いのですが、その日は何もない。銭湯に行って、そのあと自宅で相撲を見ながら日本酒でも楽しも

うと思っていました。

そうしたら午前十一時、携帯電話が鳴りました。たい平師匠からで、どうも色物の人がダブルブッキングしてしまったようで、「午後二時から会があるんだけど、今日空いてないかな」とおっしゃる。びっくりしましたが、「大丈夫です」と答えて、会場に向かいました。横浜の「関内ホール」の大ホールは客席千百人です。日本テレビ「笑点」メンバーの三遊亭小遊三師匠との二人会は満員で、そこでぼくは二十分ほどやらせてもらいました。たい平師匠からすごく感謝されましたが、声をかけてくださって、十分なギャラもいただけたのですから、感謝するのはこちらのほうです。

実は二〇二〇年六月二十四日、朝日新聞朝刊の「ひと」欄でぼくが紹介されたのですが、その翌日のこと。知らない番号からショートメールが来て、「昨日の朝日新聞みました！　がんばってますね！　自分のことのようにうれしい記事でした」。だれの発信か分かりませんでしたが、「ありがとうございます！　電話番号がないので名前を教えてください」と返したら、「林家たい平です」……。慌てて「大変失礼しました！　事務所とマネージャーさんの番号しか知りませんでした。うれしいメールありがとうございました！」と返しました。ぼくのことを気にかけてくださっていたのは、感激でした。

桂九雀師匠

名古屋の大須演芸場への出演がきっかけで知り合ったのが、上方落語の爆笑王と呼ばれた桂枝雀師匠のお弟子さん、桂九雀師匠です。

ぼくは東京以外の演芸場にも出てみたいという強い思いがありました。ぼくは演歌を広く全国で知ってほしいと思っています。テレビに出れば簡単でしょうが、お呼びがかかる可能性は小さい。としたら、なるべく多くの芸人さんに知ってもらい、あちこち呼んでいただくのが一番。東西で千人の噺家さんがいるといいますが、その全員にカンカラが知られれば、いずれ全国区……そういう夢を抱いているのです。

寄席は、噺家と色物は楽屋が別です。大須の舞台に上がる前に、「勉強させていただきます」と、噺家さんの楽屋にご挨拶に行きます。二〇一三年六月、初めて九雀師匠とご一緒したときも、そうしました。

出番が終わったあと、噺家さんの楽屋に呼ばれました。師匠はぼくの舞台を楽屋の扉を開けて聴いていてくださったみたいです。師匠から、

「岡君の芸、おもろいなぁ。大阪はけえへんの。うちの会にも出てくれへんかな?」

とお誘いを受けました。実は九雀師匠はクラリネットを吹いたり、「吹奏楽落語」という斬新な噺をされているくらいの音楽好きです。大阪には西成の「釜ヶ崎夏祭り」などで

毎年行っていたこともあり、そのときに呼んでいただけることになりました。

九雀師匠は豊中市に住んでおられ、地元の独演会のゲストに呼んでいただいたうえに、ご自宅に泊めていただきました。ぼくも酒好きですが、師匠もかなりお強く、すっかり意気投合し、打ち上げのあと、日本酒を一升ほど空けました。翌日の「エル・おおさか」五百人集会での仕事は二日酔いの舞台で、『ダイナマイト節』をいつにも増して威勢よく声を張り上げたところ……危なく……。

「天満天神繁昌亭」も紹介してくださって、二〇一五年から八か月に一度の割合で出演させていただいています。

ぼくは公演先でホテルに泊まるのがなぜか嫌いで、できれば知人・友人宅に泊めてもらいたいというタイプです。繁昌亭は一回につき一週間の出演ですが、九雀師匠はじめ、日替わりで知人・友人宅に計六軒、お世話になっています。師匠とはひと回り以上年が離れていますが、師匠はいつも自然体で、とても居心地がいい。師匠のお下がりのパジャマを貸していただけることが、こころを許してもらっているようでうれしいです。

泊めていただく部屋は稽古部屋ですが、そこにご自身が枝雀師匠に稽古をつけてもらっている大きめの写真が飾ってあります。それを見ると枝雀師匠への思いが伝わってきます。うちの父が枝雀師匠が一番好きだと伝えたら、「(師匠の芸は) 分かりやすいからな」

とうれしそうにおっしゃる。

繁昌亭は昼席なので、師匠は夜の仕事を必ず一本は作ってくださいます。ありがたいことです。

九雀師匠の芸には粋（いき）を感じることが多く、関西の人だけでなく東京にもファンが多いことも納得できます。

春風亭一之輔師匠

木村万里さんの企画で、春風亭一之輔師匠の独演会に呼んでいただきました。ぼくはいつも実際の年齢より若く見られるのですが、師匠がまくらで「岡君、面白いですね。でもああ見えて同じ年なんですよ」と言うと、お客さんから悲鳴のような「エエッー！」という声が上がる（学年は師匠のほうが一つ上）。でも、その後はさすがの切り返し。すかさず、「何ですか、そのエーッは。俺もカンカラ三線やろうかな」

うまくネタに盛り込んでいました。

師匠にはジャニーズ系のアイドルみたいな輝きがあります。いつもメールの返信が早く、やっぱり仕事のできる人は違うなと思います。ＮＨＫのテレビ番組「プロフェッショナル　仕事の流儀」にお出になったので、その件でメールしたときにもすぐにお返事をいただきました。ステージでは決してお客さんを置いてけぼりにしない。そこは一番学ぶところだと思っています。

桃月庵白酒師匠

実力派の桃月庵白酒師匠の噺はつい引き込まれるばかりか、初心者にも分かりやすく語ってくれる工夫があるように思います。舞台にかける思いが伝わってきます。『親子酒』という噺に高田渡・漣父子のエピソードを交えて演じられたと聞き、縁を感じたものです。

落語会はいつも舞台袖で見させていただいていますが、できれば客席から見て大笑いしたい。それが本音です。落語会に出ると、身の引き締まる感じがあります。芸の高みを目指して、みんなが切磋琢磨している。そういう感じがひしひしと伝わってきます。

うらやましいなと思うのは、師弟関係です。ぼくは独りでやっているので、余計にそう感じます。

ぼく自身、いろいろな師匠と仕事ができることが幸せですし、何より光栄です。カンカラ三線という変わった楽器を手にしたことが大きい、と感じています。

師匠たちの一流の芸をそばで見させていただいたおかげで、この拙いぼくもちっとは向上したかもしれないと思うのです。ご紹介してくださった万里さんや布目さんはじめ多くの人に感謝しています。

最近は、若い噺家さんと共演する機会も増えてきました。その熱気を浴びて、さらに成長できたらな、と思っています。

笑わせてチクリ

談志師匠がおっしゃった「落ちたり落ちたり落ちたり」という言葉がこころに強く残っています。そういう芸能なんだ、だからこそ人の縁を大事にしていかないといけない、と思っています。

それと、松元ヒロさんがマルセ太郎さんから言われた「思想のない芸は見たくない」も、ぼくのなかに残っています。そこを人はじっと見ていて、どこかに変節があると、鋭く見ぬくのだろうと思います。自分をずっと磨きつづけないとだめだなと学びました。

多くの先輩の愛ある話を聞いていて思うのは、演歌をきちんと継承するためにも、現代に合った演歌を作る必要がある、ということです。これは歌詞にとどまらず、話芸や表現スタイルを含めての話です。

ただの政権批判、悪口に終わってしまうと、人は聴いてくれません。そこは〝芸〟になっていないといけない。ヒロさんの舞台がそれを如実（にょじつ）に示してくれています。そうでないとまた、若い層にも響かないだろうと感じています。

人を泣かせるのは簡単、笑わせるほうが難しい、と言いますが、たしかにそんな気がします。しかも、チクリと刺したうえで笑わせるのですから、もっと技が必要です。ぼくが目指す「カンカラ演歌」はそういうものでなくてはいけないと感じています。

ぼくは小沢さんや永さんなど、大正生まれや昭和一ケタ世代の方々と仕事をご一緒できたギリギリの世代だと思います。これからも日本のいろいろな芸能を吸収し、演歌を追求していかなくてはなりません。

政治の過ちを風刺に変えてまっすぐ歌う。

どこまでできているかは分かりませんが、今後もその道を行きたいと思います。

付録

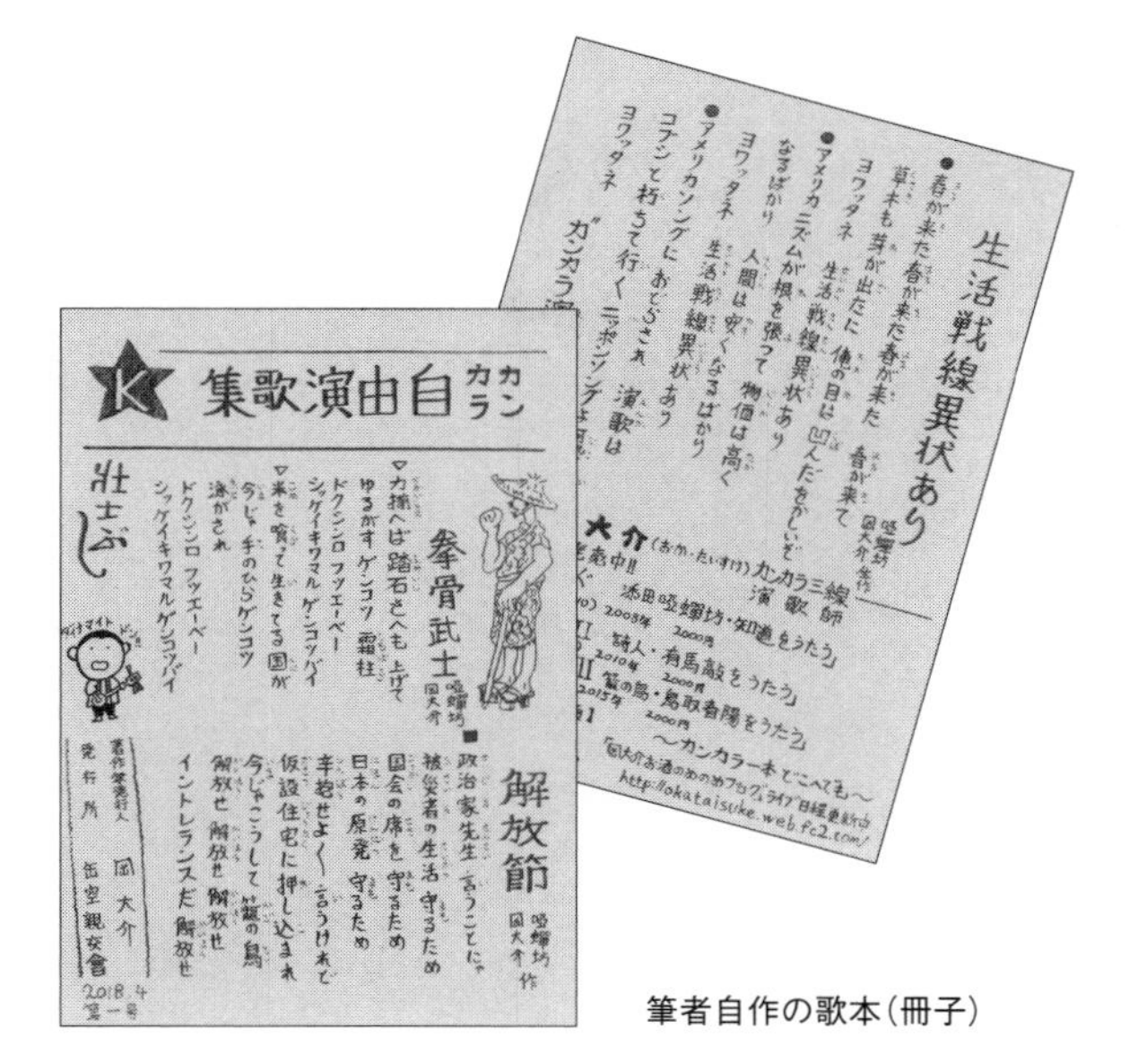

筆者自作の歌本（冊子）

岡大介カンカラ演歌集

＊元歌には、職業や身体障がいに関する差別表現として今日では好ましくないとされる用語が使用されていますが、その時代の表記として残し、削除や訂正は行いませんでした。

民権数え歌

【元歌】明治五年（一八七二）、植木枝盛・詞

①一つとせ　人の上には人ぞなき　権利にかわりがないからは　コノ人じゃもの
②二つとせ　二つとはないわが命　すてても自由のためならば　コノいとやせぬ
③三つとせ　民権自由の世の中に　まだ目の覚めない人がある　コノあわれさよ
④四つとせ　世の開けゆくその早さ　親が子供に教えられ　コノかなしさよ
⑤五つとせ　五つにわかれし五大州　中にも亜細亜は半開化　コノかなしさよ
⑥六つとせ　昔をおもえば亜米利加の　独立したのもむしろ旗　コノいさましや
⑦七つとせ　何故お前が賢くて　私らなんぞは馬鹿である　コノわかりゃせぬ
⑧八つとせ　刃（やいば）で人を殺すより　政事で殺すが憎らしい　コノつみじゃもの
⑨九つとせ　ここらでもう目を覚まさねば　朝寝はその身の為でない　コノおきしゃんせ
⑩十とせ　虎の威を借る狐等は　しっぽの見えるをしらないか　コノちくしょうめ

――『軟骨的抵抗者』鎌田慧・土取利行、金曜日（二〇一七）、⑪～⑳は割愛

【岡大介・詞】二〇一八年

辺野古かぞえ歌

①一つとせ　人の心を持たぬ人　人の畑を荒らす人　コリャ人なのか
②二つとせ　普天間（ふてんま）基地はいらないが　辺野古も基地はいらなんだ　ハイさようなら
③三つとせ　珊瑚（さんご）やジュゴンを破壊する　基地などいらない我が国よ　コノふるさとよ
④四つとせ　知らん知らんの国民よ　自分のお国は大切に　コリャ興味持て
⑤五つとせ　いつまで経っても変わらない　日本とアメ公の関係は　コノ弱虫が
⑥六つとせ　無駄に税金金使い　お前ら一体何様じゃ　コノ金返せ
⑦七つとせ　仲井真（なかいま）バカヤロクソヤロウ　お前が一番悪人じゃ　コノホラ吹きが
⑧八つとせ　やたらめったに土砂土砂と　粛々ボウシが今日も鳴く　コリャ黙りゃんせ
⑨九つとせ　ここに生まれしウチナーンチュ　カンカラ魂見せてやれ　ソリャ踊りゃんせ
⑩十とせ　とっとと出て行けアメリカよ　愛しき美ら（ちゅ）海まきこむな　アノ戦争に
⑪終わりとせ　岡の民権かぞえ歌　大人は唖然とするばかり　この愉快さよ

＊　＊

オッペケペー節

【元歌】明治二十二年（一八八九）、若宮万次郎、川上音二郎・詞曲、川上音二郎・演出

①権利幸福きらいな人に自由湯をば飲ましたい　オッペケペッポーペッポッポー　かたい上下（かみしも）かどとれて　マンテルズボンに人力車　いきな束髪ボンネット　貴女（きじょ）に紳士の扮装（いでたち）で　うわべの飾りはよけれども　政治の思想が欠乏だ　天地の真理がわからない　心に自由の種をまけ　オッペケペッポーペッポッポー

②亭主の職業は知らないが　おつむは当世の束髪で　言葉は開化の漢語にて　晦日（みそか）の断り洋犬抱（かめ）いて不似合だ　およしなさい　何にも知らずに知った顔　むやみに西洋を鼻にかけ　日本酒なんぞは飲まれない　ビールにブランデーベルモット　腹にも馴（な）れない洋食を　やたらに食うのも負けおしみ　内証でそーッと反吐（へど）ついて　真面目な顔してコーヒ飲む　おかしいねえ　オッペケペー　オッペケペッポーペッポッポー

③お妾嬢（めかけ）さん権妻（ごんさい）に　芝居見せるは不開化だ　勧善懲悪わからない　色気の所に目をむいて　だいじの夫をそでにして　浮気をすること必定（ひつじょう）だ　お為（ため）にならない　およしなさい　国会ひらけたあかつきに　役者にのろけちゃいられない　日本大事に守りなさい　眉毛のないのがおすきなら　かッたいおいろにもちなんせ　目玉をむくのがおすきなら　たぬきとそいねをするがよい　オッペケペー　オッペケペッポーペッポッポー

――『日本流行歌史』古茂田信男・島田芳文・矢沢保・横沢千秋、社会思想社（一九七〇）

【岡大介・詞】 二〇一四〜二〇二一年

①米を喰らって生きてるが　アメリカさんの言いなりに　憲法原発自衛権　人のためより金のため
見ザル聞かザル言わザルで　厚くなってた面の皮　今こそ新しい判断で　どこまで経っても道半ば
シラケたこの国良いことに　一人でアンダーコントロル　都合悪けりゃゴマをすり　ゴルフクラブで
振りまわせ　オッペケペー　オッペケペー　オッペケペッポー　ペッポッポー
②世界の女を敵にして　謝罪の席でも恨み節　森で迷ったプーさんが　川の淵でもズッコケた　また
また小池にハマッたか　菅(すが)りついてももう遅い　二階の窓から蹴飛ばされ　五輪・脱輪・ご臨終
③七年ついでに八ヶ月　お疲れさんと言いたいが　モリカケサクラはどこへやら　憲法賄賂はどこへ
やら　キシダシワタルのツラかった　イシバシタタイテスガスガシ　同じ顔ぶれ甘々党　無策強欲老
人の　スッカラ政治でどこへ行く　オッペケペー　オッペケペー　オッペケペッポー　ペッポッポー
ホレも一つオマケだニッポンポー

* *

【元歌】 明治三十九年（一九〇六）、添田唖蝉坊・詞曲

ああわからない

①ああわからないわからない　今の浮世はわからない　文明開化というけれど　表面(うわべ)ばかりじゃわか
らない　瓦斯(ガス)や電気は立派でも　蒸気の力は便利でも　メッキ細工か天ぷらか　見かけ倒しの夏玉子
人は不景気不景気と　泣き言ばかり繰り返し　年がら年中火の車　廻しているのがわからない

③ああわからないわからない　乞食に捨児に発狂者　スリにマンビキカッパライ　強盗せっ盗詐欺取財　私通姦通無理心中　同盟罷工や失業者　自殺や餓死凍え死　女房殺しや親殺し　夫殺しや主殺し　目もあてられぬ事故ばかり　むやみやたらにできるのが　なぜに開化か文明か

④ああわからないわからない　金持ちなんぞはわからない　贅沢三昧し放題　妾をかこうて酒のんで　毎日遊んで居りながら　金がだんだん増えるのに　働く者はあくせくと　流す血の汗あぶら汗　夢中になって働いて　貧乏するのがわからない　貧乏人のふえるのが　なぜに開化か文明か

――『流行り唄五十年』添田知道、朝日新聞出版（二〇〇八）、②、⑤～⑬は割愛

【岡大介・詞】 二〇一九～二〇二〇年

①ああわからないわからない　賢い人がなんぼでも　ある世の中に馬鹿者が　議員になるのがわからない　議員と言うのは名ばかりで　間抜けで腑抜けで腰抜けで　いつも数だけ押し切って　強行採決　茶番劇　選挙の時だけヘコヘコと　国民の声は届かない　いつもボンヤリ椅子の番　人か人形かわからない

②ああわからないわからない　ウイルス対策わからない　後手後手迷走トンチンカン　庶民にゃ責任なすりつけ　人命よりも金儲け　自粛要請生殺し　いつも補償にゃ後向き　煽りメディアも利用され　野望・策謀・横暴の　緊急事態はこの政治　任せる国民もわからない　我らのお国がわからない　ああわからないわからない

＊　＊

【元歌】 大正七年（一九一八）、添田知道・詞曲

東京節

①東京の中枢(ちゅうすう)は丸の内　日比谷公園両議院　いきな構えの帝劇に　いかめし館(やかた)は警視庁　諸官省ズラリ馬場先門(ばばさきもん)　海上ビルディング東京駅　ポッポと出る汽車どこへ行く　ラメチャンタラギッチョンチョンデパイノパイノパイ　パリコトパナナデ　フライフライフライ

②東京で繁華な浅草は　雷門、仲見世、浅草寺　鳩ポッポ豆売るお婆さん　活動、十二階、花屋敷すし、おこし、牛(ぎゅう)、天(てん)ぷら　なんだとこん畜生でお巡(まわ)りさん　スリに乞食(こじき)にカッパライ　ラメチャンタラギッチョンチョンデパイノパイノパイ　パリコトパナナデ　フライフライフライ

⑥東京はよいとこ面白や　豆腐、みそ豆、納豆、桶屋(おけや)　羅宇屋(らうや)、飴屋(あめや)に甘酒屋　七色とんがらし、塩(しお)辛(から)や　クズーイクズーイ、下駄の歯入　あんま、鍋焼、チャンしゅうまい　唄の読売やどうじゃいなラメチャンタラギッチョンチョンデパイノパイノパイ　パリコトパナナデ　フライフライフライ

――『演歌の明治大正史』添田知道、岩波新書（一九六三）、③～⑤は割愛

【岡大介・詞】 二〇一三～二〇二〇年

①政治家先生言うことにゃ　国民の生活守るため　国会の席を守るため　日本の原発守るため　辛抱せよ辛抱せよ言うけれど　仮設住宅に押し込まれ　今じゃこうして籠(かご)の鳥　解放セイ解放セイ解放セイ　イントレランスだ解放セイ

②ウイルスやって来て大惨事　不自由は続くよどこまでも　アベノマスクで口封じ　付けたら言うこと嘘ばかり　自粛自粛耳にタコ　補償があるのかわからない　緊急事態はこの政治　収入減に給付金

もナイノナイノナイ　煽りメディアはダメダメダメ

③謎が謎よぶ国会で　魔法に神風煙に巻け　白紙改竄黒文書　消して隠して書きかえて　言い訳屁理屈もう嫌だ　記録も記憶もない人にゃ　デタラメ節がお似合いだ　失言チャンモ暴言チャンモ辛イノ辛イノ辛イ　丸投げ政治で暗イ暗イ暗イ

④スッカラ政治の幕開けで　アベちゃん問題山積みの　モリカケサクラに学術会　見てない詳しく見ていない　議事録そんなもんいりません　伝家の宝刀人事権　言うこと聞かぬ奴ぁクビクビクビ　菅チャンタラ　ケチンボデ　パイノパイノパイ　支持率急降下デ　バイノバイノバイ

＊　＊

新馬鹿の歌／ハテナソング（別名）

【元歌】大正九年（一九二〇）　添田唖蟬坊・詞、山路赤春・詞、添田唖蟬坊・附曲

①九段坂から見下ろせば　人が車を曳いている　馬も車を曳いている　馬やら人やらわからない　ハテナ　ハテナ

②青い顔して死神に　とりつかれたような顔をして　流感よけのマスクして　フラリフラリと歩いてる　ハテナ　ハテナ

③金はたまるし女は惚れる　どうやらこの世がおもしろく　なって来たのにハヤリ風　こいつは危ないと注射した　ハテナ　ハテナ

④帽子をかむって外套きて　おまけにマスクで顔かくし　眼ばかりギロギロ光らせる　人間タンクの

化け物か　ハテナ　ハテナ
⑤議員議会で欠伸する　軍人金持ちと握手する　インフルエンザはマスクする　臭い物には蓋をする
ハテナ　ハテナ　ハテナ

――『演歌の明治大正史』、⑥～⑱は割愛

【岡大介・詞】二〇二〇年
①東京五輪がやりたくて緊急事態を遅らせて　選挙になればヘコヘコと緊急事態を解除する　ハテナ
ハテナ
②後手後手対策聞き飽きた　煽り庶民を困らせる　丸投げ逃げ出し政治家に　つけるワクチンないものか　ハテナ　ハテナ

＊　＊

復興節

【元歌】大正十二年（一九二三）、添田知道・詞曲

①家は焼けても　江戸っ子の　意気は消えない見ておくれ　アラマ　オヤマ　忽ち並んだバラックに
夜は寝ながらお月さま眺めて　エーゾエーゾ　帝都復興　エーゾエーゾ
②嬶が亭主に言うようは　お前さんしっかりしておくれ　アラマ　オヤマ　今川焼さえ復興焼と　改名してるじゃないかお前さんもしっかりして　エーゾエーゾ　帝都復興　エーゾエーゾ

③騒ぎの最中に生まれた子供　つけた名前が震太郎　アラマ　オヤマ　震地に震作　シン子に復子
其(そ)の子が大きくなりゃ地震も話の種　エーゾエーゾ　帝都復興エーゾエーゾ

――『演歌の明治大正史』、④は割愛

ウイルス復興節

【岡大介・詞】二〇二〇年

①家の中でも江戸っ子の意気は消えない見ておくれ　アラマ　オヤマ　一寸一杯(ちょいといっぱい)赤提灯　我慢して辛抱して何処にも行かない　エーゾエーゾ　帝都復興　エーゾエーゾ
②待てば花咲くこともある　行けば花散ることもある　アラマ　オヤマ　後手後手政府に騙されて毎月十万もらってパチンコにゴルフに　エーゾエーゾ　いい玉狙って　エーゾエーゾ
③忘れちゃいけない事もある　緊急事態が他にある　アラマ　オヤマ　基地やら憲法やら選挙違反モリカケサクラも　追及して調査して　エーゾエーゾ　ニッポン復興エーゾエーゾ
④自由の女神にエッフェル塔　ピサの斜塔にロンドン塔　アラマ　オヤマ　サグラダファミリア　ベルリン塔　東京タワーからどこでも眺めて　エーゾエーゾ　地球復興エーゾエーゾ　ニッポン復興エーゾエーゾ　帝都復興エーゾエーゾエーゾ

＊　＊

ストトン節

【元歌】大正十三年（一九二四）、添田知道・詞調曲

①ストトンストトンと通わせて　いまさらいやとはどうよくな　いやならいやだとはじめから　いえばストトンと通やせぬ　ストトンストトン

⑦楽しい日曜待ったのは　淡い夢です情けない　女、子をもちゃおしまいね　友へ嘆きの長手紙　ストトンストトン

⑨ストトンストトンと戸をたたく　為替が来たかと出てみれば　酒屋の小僧にだまされて　ツケを出されてはずかしや　ストトンストトン

——『演歌の明治大正史』、②〜⑥、⑧は割愛

【岡大介・詞】二〇一三〜二〇二〇年

①ストトンストトンと国会は　密議・密約・密会で　国民のためとは言いながら　秘密秘密の口封じ　ストトンストトン

②ストトンストトンと神頼み　お隣の国の先生が　口を揃えて言ってます　クルナクルナと咳をする　ストトンストトン

③ストトンストトンと金配り　汚職だ賄賂だ紙爆弾　悪い金とは知らなんだ　来る金拒まず首が飛ぶ　ストトンストトン

④ストトンストトンと寄り添って　国民ではなく後援会　説明する気はありません　セクシー大臣中身なし　ストトンストトン

⑤ストトンカジノ解禁だ　サイコロ転がし丁半か　ルーレット遊びも良いけれど　日本の政治がギャンブルだ　ストトンストトン

⑥ストトンストトンと期待させ　ストトンストトンとバラバラで　ストトンストトンと名前変え　中身変わらぬ党に泣く　ストトンストトン

⑦ストトンストトンとやれるかな　ストトンストトンとやりましょう　ストトンやっぱりやめましょう　五輪・脱輪・五輪終（ごりんじゅう）　ストトンストトン

⑧ストトンストトンとお肉かな　ストトンストトンと魚かな　ストトンそれともお金かな　マスク二枚で騙された　ストトンストトン

⑨ストトンストトンと国会は　ウイルス・憲法・えこひいき　野望・策謀・横暴の緊急事態はこの政治　ストトンストトン

⑩ストトンストトンと酒を酌みゃ　全部嫌なこと忘れたし　歌い踊って夢の中　お代を払って目が覚めた　ストトンストトン

＊　＊

【元歌】 昭和五年（一九三〇）、添田唖蟬坊・詞、佐々木すぐる・曲

生活戦線異状あり

①春が来た来た　春が来た　春が来て草木も芽が出たに　俺の目は凹（へこ）んだおかしいぞ　ヨワッタネ
生活戦線異状あり

③ダンスホールの灯が更けて　可愛いダンサーが帰ります　お乳が張るので急ぎます　ヨワッタネ　生活戦線異状あり

⑧優等で学校は出ましたが　国から嫁も来ましたが　勤める口はありません　ヨワッタネ　生活戦線異状あり

⑨アメリカニズムが根を張って　物価が高くなるばかり　人間は安くなるばかり　ヨワッタネ　生活戦線異状あり

――『流行り唄五十年』、②、④〜⑦、⑩は割愛

ウイルス戦線異状あり

【岡大介・詞】二〇二〇年

①コロナ来て五輪がなくなった　飲み屋の灯りがなくなった　俺の仕事がなくなった　ヨワッタネ　ウイルス戦線異状あり

②お肉やお魚もらいたい　本当はお金がもらいたい　マスク二枚でダマされた　ヨワッタネ　ウイルス戦線異状あり

③丸投げ政府の言うことにゃ　三つの密が大事だと　密議・密約・密会か　ヨワッタネ　ウイルス戦線異状あり

④後手後手（ごてごて）政府の対策は　瀬戸際〜今が正念場　ギリギリ局面〜瀬戸際に　モドッタネ　ウイルス戦線異状あり

⑤アメリカソングに踊らされ　演歌はコブシと朽ちて行く　ニッポンソングよ何処（どこ）へ行く　ヨワッタネ　カンカラ演歌が此処（ここ）にあり

＊　＊

【元歌】作年・作者不詳

ズンドコ節（海軍小唄）

①汽車の窓から　手を握り　送ってくれた人よりも　ホームの蔭で　泣いていた　可愛いあの娘が　忘られぬ　トコ　ズンドコ　ズンドコ

②花は桜木　人は武士　語ってくれた　人よりも　港の隅で　泣いていた　可愛いあの娘が　目に浮かぶ　トコ　ズンドコ　ズンドコ

③元気で居るかと　いう便り　送ってくれた　人よりも　涙のにじむ　筆の跡　いとしあの娘が　忘られぬ　トコ　ズンドコ　ズンドコ

――『日本流行歌史』

【岡大介・詞】二〇二〇〜二〇二一年

①金金金だ金だよと　トランプ遊びをする奴に　ヘコヘコヘコヘコと尻ふって　これが日本のお大臣　ズン　ズン　ズンドコ

②人命よりも金儲け　自粛要請生殺し　煽り煽った役人よ　ここらでやめてもいいコロナ　ズン　ズン　ズンドコ

③横浜カジノ解禁だ　サイコロ転がし丁半か　ルーレット遊びも良いけれど　日本の政治がギャンブ

ルだ　ズン　ズン　ズンドコ

④ドンドンドンドン税上げて　このままどこまで続くやら　五から八へと上がったら　十がやって来て庶民泣き　ズン　ズン　ズンドコ

⑤今度こそはと期待して　いつまで経ってもバラバラで　ナンダカンダと名前変え　中身変わらぬ党に泣く　ズン　ズン　ズンドコ

⑥トランプ遊びで騙(だま)された　バイ菌　バイデンに冒された　ヘコヘコと尻ふって　これが日本のお大臣　ズン　ズン　ズンドコ

⑦ゆるゆるマンボウで　どこへゆく　緩め締め付けまた緩め　無策対策あきらめて　そろそろ十万またおくれ　ズン　ズン　ズンドコ

⑧ズブズブ接待七万円　締めの一杯何食べる　モリカケ蕎麦も喰いあきた　お次はガースー親子丼　ズン　ズン　ズンドコ

⑨海洋放出決定だ　めでたいめでたいおめでたい　官僚の皆様集まって　原発処理水で乾杯だ　ズン　ズン　ズンドコ

⑩ちょいと一杯飲ませてよ　その気にさせて通わせて　二杯目までが夢の国　お代を払って泣きを見た　ズン　ズン　ズンドコ

＊　　＊

【元歌】明治二十八年（一八九五）ごろ、添田啞蟬坊・詞

四季の歌（第一次）

①春は嬉しや　二人手を取り散歩の野辺　飛んでしおらし蝶つがい　空も晴るれば気も晴れる　チョイト摘みます野の若菜
②夏は嬉しや　二人手を取り大磯の浜　世間かまわぬ気保養に　主の身体を大切と　チョイトのました牛の乳
③秋は嬉しや　二人手を取り菊見の遊び　命延ばした忍び逢い　それを邪魔する探訪者　チョイト出ました浮気沙汰
④冬は嬉しや　二人手を取りあたごの山　眺め見飽かぬ銀世界　さしつさされつ吞む酒に　チョイト寒さも苦にならぬ

——『流行り唄五十年』、⑤〜⑧は割愛

【岡大介・詞】二〇一二年
①寝床とられて　故郷とられて心もとられ　着いた所は生き地獄　争うつもりもないけれど　たまにゃ鬼にもなってみる

＊　＊

【元歌】明治四十年（一九〇七）、添田啞蟬坊・詞曲

増税節（ゼーゼー節）

①背には子を負い太鼓腹かかえ　ノーヤ　それで車の　ナンギナモンダネ　トツアッセー　あとを押す　マシタカゼーゼー
④鳥や虫にも巣があるものを　ノーヤ　わたしゃ人間　ナンギナモンダネ　トツアッセー　家がないほんとに往生
⑤ふざけしゃんすな百姓などと　ノーヤ　生命つなぐは　ナンギナモンダネ　トツアッセー　誰のため　マシタカゼーゼー

――『流行り唄五十年』、②③⑥は割愛

【岡大介・詞】二〇一九年
①五から八へと十が手招き　ノーヤ　どこまで続くの　ナンギナモンダネ　トツアッセー庶民泣きマシタカゼーゼー
②いくら働けどお金は貯まらぬ　ノーヤ　どこへ消えたの　ナンギナモンダネ　トツアッセー　ふところへ　マシタカゼーゼー

＊　＊

【元歌】明治四十三年（一九一〇）、添田啞蟬坊・詞曲

むらさき節

①むらさきの　袴(はかま)さらさらホワイトリボン　行く先は何処(いずこ)　上野飛鳥山向島(うえのあすかやまむこうじま)　ほんに長閑(のどか)な花の風
散れちれ散るならさっと散れ　チョイトネ
③帰るなら　なんの止めようとめはせぬ　羽織をきせて　羽織の上から抱きしめて　家(うち)の首尾をと眼
に涙　ぱったり落ちたる　つげの櫛(くし)　チョイトネ
⑦つきいだす　鐘(かね)は上野か浅草か　往来(ゆきき)も絶えて　月に更(ふ)けゆく吾妻橋(あづまばし)　誰を待つやら恨むやら　身
をば欄干に投げ島田　チョイトネ

――『流行り唄五十年』、②、④～⑥、⑧～⑭は割愛

【岡大介・詞】二〇一四年
①在原の　想い告げるは都鳥　船頭さんよ　歴史に名高き業平も　時は流れて空の塔　命知れずの雪
落とす　チョイトネ
②またしても　税は上がるし秘密は増える　ああ恐ろしい　庶民の叫びにゃ耳ふさぎ　犬の遠吠えと
も言うものか　民主主義とはわかりゃせぬ　チョイトネ

＊　＊

【元歌】大正七年（一九一八）、添田啞蟬坊・詞曲

ノンキ節

③貧乏でこそあれ日本人はエライ　それに第一辛抱強い　天井知らずに物価はあがっても　湯なり粥（かゆ）なりすすって生きている　ア、ノンキだね

④洋服着よが靴をはこうが学問があろが　金がなきゃやっぱり貧乏だ　貧乏だ貧乏だその貧乏が　貧乏でもないよな顔をする　ア、ノンキだね

⑦万物の霊長がマッチ箱みたよな　ケチな巣に住んでる威張ってる　暴風雨（あらし）にブッとばされても海嘯（つなみ）をくらっても　「天災じゃ仕方がないサ」ですましてる　ア、ノンキだね

——『演歌の明治大正史』、①②⑤⑥⑧〜⑮は割愛

【岡大介・詞】二〇一四〜二〇二一年

①ニッポンの国会はどうしたもんかな憲法原発自衛権　ネジれりゃまだまだ良い方で　ネジれなければ歯止めなし　ア、ノンキだね

②後手後手対策もう聞き飽きた　煽り庶民を困らせる　丸投げ逃げ出し政治家に　つけるワクチンないものか　ア、ノンキだね

③宴会政治なぜやめられぬ　庶民にゃ自粛の生殺し　人命よりも金儲け　緊急事態はこの政治　ア、ノンキだね

岡大介自作曲集

東京（二〇〇五年）

午前零時の街並みは赤い灯青い灯ネオンサインが　最終電車に乗り遅れ一人たたずむ　路地裏に　怒鳴りつけられて傷ついて争う気持ちも無いままに　缶ビールを飲み干せば明日は何かが変わるかと大通りへ飛ばされりゃ少しは痛みがわかるだろう　戻りたい戻れない何処（どこ）まで続く華の都　通りを抜けて風まかせ寄せては返す人並みを　誓いの場所へ急ぐのさ　朝日拝んだビルの屋根　朝日拝んだビルの屋根

笑いまくり泣きじゃくり小路に吸い込まれ砕け散る　煙り巻かれた人影が心と心を映すように　情け知らずと咽び泣く人の姿が身に染みて　眠りの孤独目覚めるとき明るい日差し射し込んだ　都会の空よ燃え上がれ何より熱くそして高く　乾いた街から天までも　朝日拝んだビルの屋根　通りを抜けて風まかせ　大波小波くぐり抜けて　でっかい雲に見え隠れ　微かに見える朝焼けの　向こうに見える山々の　遠くに見えるは富士の山

ホロホロ節（二〇〇五年）

①呑めや唄えやお祭りだ笑う門には福来たる　酒に焼酎ウイスキーみんなまとめて下さいな　一度やったらやめられぬ酔ったふりしてもう一杯　お酒のめのめホロホロヨイヨイ

②渡る人生大博打生きた心地がしないのも　世界平和を守るためお偉いさんも酒を呑む　一度やったらやめられぬご託並べてもう一杯　お酒のめのめホロホロヨイヨイ

〜エッサエッサエッサホイサッサ　酔いどれ酒呑みホイサッサ　横丁にスナック居酒屋と　腰に瓢箪ぶら下げて　ソレ　ヤットコドッコイホイサッサ　のめのめのめ　ホロホロヨイヨイ〜

③呑めや唄えやお祭りだ呑んで呑まれてもう一杯　楽じゃないのが世の中と酒を呑むにも命懸け　一度やったらやめられぬ一度と言わずに二度三度　これで俺らが死んだらば棺桶に酒をついどくれ　お酒のめのめホロホロヨイヨイ

呑んだ節（二〇二〇年）

①赤い鼻してチョイト踊る　どうせこの世は酒まかせ　嫌な文句も陽気に変えて　桜舞い散る春だもの　今日も呑んだ呑んだ呑んだ呑んだ呑んだ呑んだ呑んだ呑んだ呑んだ　イイ気持ち

②ビール片手にチョイト踊る　どうせこの世は酒まかせ　養老の滝を一気に呑めば　花火上がった夏だもの　今日も呑んだ呑んだ呑んだ呑んだ呑んだ呑んだ呑んだ　イイ気持ち

③赤い顔してチョイト踊る　どうせこの世は酒まかせ　月の雫（しずく）をおちょこで呑めば　モミジ色した秋だもの　今日も呑んだ呑んだ呑んだ呑んだ呑んだ呑んだ呑んだ　イイ気持ち

④二人揃ってチョイト踊る　どうせこの世は酒まかせ　貧乏徳利仲良く呑めば　猫もコタツで冬だもの　今日も呑んだ呑んだ呑んだ呑んだ呑んだ呑んだ呑んだ　イイ気持ち

あとがき

「CDを出していても本がなければ君の仕事は残らないよ」

ずっと心に引っかかっていた言葉です。たしかに添田啞蟬坊(そえだあぜんぼう)の音源は一つも残っていないのに、本があったことで語り継がれています。カンカラ三線(さんしん)で演歌を歌い始めてちょうど二十年、ようやく本という形になりました。

二〇〇九年、「高田渡(たかだわたる)生誕会60」でお会いしてから親しくさせていただいている北海道新聞の大原智也(おおはらともや)さんとはお酒を酌(く)み交わしながら、いつか本にしようと話をし、原稿準備から本当にいろいろとお世話になりました。

五年ほど準備をしていたものの、出版社などの当てがありません。何事も本気でやっていれば、かならず道は拓(ひら)けると信じ、だれかれとなく「本を出したい」と言い続けていたら、ご縁がつながりました。居酒屋カンカラ流しが最初で、そのあと本当にひょんな所で二度遭遇した木村隆司さんが書籍の編集者と分かり、本を出す話が急に現実味を帯びてきました。

その木村さんに紹介されたｄＺＥＲＯの松戸さち子さんは、尊敬する立川談志師匠の本を編集されてきた方でもあり、強い縁を感じました。人間が平等であることを第一に求めた演歌を、少しでも日本音楽の歴史に残し、次の世代に伝えたいという提案を、前例のない本だと言いつつも、快く引き受けてくださり感謝いたします。

お世話になっているにもかかわらず、今回紹介しきれなかった方やお店の皆様、そしてこの本に興味をもち、お読みくださった皆様にも感謝申し上げます。

これからも多くの人に演歌を届けるために、カンカラ一本、歌い継いでまいります。

二〇二一年六月

岡大介(おかたいすけ)

参考文献

鎌田慧・土取利行『軟骨的抵抗者 演歌の祖・添田啞蟬坊を語る』金曜日、二〇一七年
木村聖哉『添田啞蝉坊・知道——演歌二代風狂伝』リブロポート、一九八七年
古茂田信男・島田芳文・矢沢保・横沢千秋『日本流行歌史』社会思想社、一九七〇年
添田啞蟬坊『浅草底流記』刀水書房、一九八二年
添田啞蟬坊『啞蟬坊流生記』刀水書房、一九八二年
添田知道『演歌師の生活』生活史叢書14、雄山閣、一九六七年
添田知道『演歌の明治大正史』添田啞蟬坊・添田知道著作集4、刀水書房、一九八二年
添田知道『流行り唄五十年——啞蟬坊は歌う』朝日新聞出版、二〇〇八年
「添田知道追悼号」『素面』76号、素面の会、一九八〇年
輪島裕介『創られた「日本の心」神話』光文社新書、二〇一〇年

Video on the Book
岡大介の「演歌」を視聴する方法

本書の購入者特典として、本書のために収録された岡大介の演奏動画を無料で視聴できます。下記の手順でお楽しみください。パソコン、スマートフォン、タブレットのいずれでも視聴できます。

① 下記のURLから、案内ページにアクセス
http://dze.ro/vob
＊スマートフォン、タブレットの場合は
右のQRコードをご利用ください。

② 本書の表紙画像の下にある「動画を視聴する」をタップ／クリックして、次の画面に進み、案内にしたがって本書を持っている方だけにわかるキーワードを入力

＊動画、音声、写真、文字を視聴・閲覧できるVideo on the Bookは、dZEROが配信しています。ご不明な点などは、dZEROお客様窓口（info@dze.ro）までお問い合わせください。

[本文写真撮影・提供]
県立神奈川近代文学館、東京大学法学部附属明治新聞雑誌文庫、福岡市博物館、阿久津知宏、岡大介

[編集協力]
木村隆司

JASRAC 出 2105159-101

[著者略歴]
1978年、東京都に生まれる。添田唖蝉坊・知道の流れをくんだ、明治・大正演歌を歌う現代唯一の演歌師。空き缶で作ったカンカラ三線をリュックに差し、全国を回って演奏活動を続けている。演奏の場は、寄席、演芸場、ホール、居酒屋での「流し」など多岐にわたり、集会や祭りに呼ばれることも多い。年間ステージ数は365を超える。
リリースしたCDに、『かんからそんぐ』Ⅰ〜Ⅲ、『にっぽんそんぐ』(いずれもオフノート発売)がある。

カンカラ鳴(な)らして、政治(せいじ)を「演歌(えんか)」する

著者　岡(おか) 大介(たいすけ)

2021年7月12日　第1刷発行

装丁　水戸部 功
カバー写真　阿久津知宏

発行者　松戸さち子
発行所　株式会社dZERO
http://dze.ro/
千葉県千葉市若葉区都賀1-2-5-301 〒264-0025
TEL: 043-376-7396 FAX: 043-231-7067
Email: info@dze.ro

本文DTP　株式会社トライ
印刷・製本　モリモト印刷株式会社

落丁本・乱丁本は購入書店を明記の上、小社までお送りください。
送料は小社負担にてお取り替えいたします。
価格はカバーに表示しています。
978-4-907623-42-5